VESTINDO A
LIDERANÇA

Dados Internacionais de Catalogação na Publicação (CIP)
(Câmara Brasileira do Livro, SP, Brasil)

Mandelli, Livia
   Vestindo a liderança: 14 comportamentos essenciais para a alta *performance* emocional / Livia Mandelli, Katia Soares; prefácio de Mario Sergio Cortella. – Petrópolis, RJ: Vozes, 2016.

Bibliografia
ISBN 978-85-326-5247-8

1. Administração de empresas 2. Autoconhecimento – Teoria
3. Comportamento organizacional 4. Gestores de pessoas
5. Liderança 6. Sucesso profissional I. Soares, Katia.
II. Cortella, Mario Sergio. III. Título.

16-02607   CDD-658.4

Índices para catálogo sistemático:
1. Liderança: Comportamento organizacional: Administração
658.4

LIVIA MANDELLI

KATIA SOARES

VESTINDO A
LIDERANÇA

14 Comportamentos essenciais para a alta *performance* emocional

EDITORA
VOZES

Petrópolis

© 2016, Editora Vozes Ltda.
Rua Frei Luís, 100
25689-900 Petrópolis, RJ
www.vozes.com.br
Brasil

Todos os direitos reservados. Nenhuma parte desta obra poderá ser reproduzida ou transmitida por qualquer forma e/ou quaisquer meios (eletrônnico ou mecânico, incluindo fotocópia e gravação) ou arquivada em qualquer sistema ou banco de dados sem permissão escrita da editora.

Diretor editorial
Frei Antônio Moser

Editores
Aline dos Santos Carneiro
José Maria da Silva
Lídio Peretti
Marilac Loraine Oleniki

Secretário executivo
João Batista Kreuch

Editoração: Flávia Peixoto
Diagramação e capa: ERJ Composição Editorial

ISBN 978-85-326-5247-8

Editado conforme o novo acordo ortográfico.

Este livro foi composto e impresso pela Editora Vozes Ltda.

*Dedicamos carinhosamente este livro para
todas as pessoas que estão em busca
de uma atuação diferenciada.*

Ser é preciso,
Viver é ainda mais preciso.

Quero para mim a precisão do
autoconhecimento, transformando
aquilo que pode ser.

Viver é necessário; recriar a mim mesmo
é imprescindível. Não subestimo as
minhas capacidades, e quero é torná-las
ainda melhores, ainda que para isso
tenha de ser a minha mente e a minha
alma a lenha desse fogo.

Sinto vontade de torna-lás a minha
humanidade; ainda que para isso eu
tenha que me dedicar e transpirar.
Cada vez mais me convenço disso.

Cada vez mais ponho minha energia
em ser aquilo que sou no propósito
de contribuir comigo e com o outro
para a evolução da humanidade.

Esta é a forma que encontrei de viver
a plenitude diante da escassez.

Sumário

Prefácio – Ficar em trajes maiores! 11
Mario Sergio Cortella

As autoras – Elas por elas 13

Carta de Livia Mandelli ao leitor 15

Capítulo 1 Os pilares da alta *performance* emocional 17

    Autopercepção 19

    Autoconsciência 22

    Autorresponsabilidade 25

Capítulo 2 O comportamento andrógino e a alta
    performance emocional 29

Capítulo 3 O que levar comigo? 37

    A bagagem 39

    Item 1: Espelho 39

    Item 2: Diário 43

    Item 3: Protagonização 44

Capítulo 4 A inteligência emocional em ambiente organizacional ...47

    Autoavaliação 51

Capítulo 5 Feminino ou masculino? 57

Capítulo 6 Estratégias mentais necessárias para a grande mudança
    emocional 67

Capítulo 7 Tenho forças masculinas? 79

    Agressividade 81

    Cinco sugestões altamente eficazes para empoderar sua
    agressividade 82

    Ambição positiva 87

    Cinco sugestões altamente eficazes para empoderar
    a ambição 88

    Força 91

    Cinco sugestões altamente eficazes para empoderar
    a força 92

Independência 95

Cinco sugestões altamente eficazes para empoderar a independência 95

Autossuficiência 98

Cinco sugestões altamente eficazes para empoderar a autossuficiência 99

Foco em tarefas 101

Cinco sugestões altamente eficazes para empoderar o foco em tarefas 101

Capítulo 8 Tenho forças femininas? 105

Carinho/atenção 107

Cinco sugestões altamente eficazes para empoderar o carinho 108

Prestatividade 110

Cinco práticas eficazes para empoderar sua prestatividade 111

Gentileza 114

Cinco atitudes altamente eficazes para empoderar a gentileza 116

Sensibilidade e simpatia 118

Cinco práticas altamente eficazes para empoderar a sensibilidade e a simpatia 119

Compassividade 121

Cinco sugestões altamente eficazes para empoderar a compassividade 122

Foco em relacionamento 125

Cinco sugestões altamente eficazes para empoderar o foco em relacionamento 126

Capítulo 9 Concretizando a mudança emocional 129

Capítulo 10 Refletindo 137

O homem prático 139

Referências 159

Prefácio

Ficar em trajes maiores!

Mario Sergio Cortella

Nossas bolsas são fartas; nossos vestidos simples.
Pois é a mente que faz o corpo rico. E assim como,
através das nuvens mais espessas, o sol irrompe,
assim a honra brilha nas vestes mais humildes.
SHAKESPEARE, W. *A megera domada.*

Houve uma época em que uma pessoa poderia ser detida ao praticar entre nós o que era entendido como uma contravenção penal, apelidada também de "atentado ao pudor": ser pega ou exibir-se em "trajes menores", que os lusitanos chamam de "roupa interior" e os brasileiros chamamos de "roupa de baixo".

Sejam do interior ou de baixo, a suposição é que os trajes colados ao corpo e por dentro da externa roupa socialmente exibível, guardavam algo de despudorado, como se fossem escandalosos ou, até, pecaminosos, ainda mais se mostrados por um corpo feminino.

Bem, vez ou outra é preciso olhar para o interior, para aquilo que está além do invólucro, desnudar e aquilatar como precisam ser os trajes que levamos e usamos na nossa trajetória (sem o inexistente trocadilho etimológico).

Quando Livia e Katia decidiram retomar, revigorar e transcender algumas certeiras ideias do livro *Liderança nua e crua*, é claro que a intenção não foi somente remendar e cerzir o que já havia sido costurado e descosturado; mas, agora com maior assertividade, fazer com que possamos tecer uma nova roupagem em nós mesmas e nós mesmos, de modo que se favoreçam habilidades de liderança com maior perenidade, ambição positiva, sensibilidade e prestatividade.

Pois é a mente que faz o corpo rico! Pois é a mente que faz um corpo decente! Pois é a mente que faz um corpo devasso! A mente que engendra o bom e o mau comportamento...

Qual "megera" elas nos ajudam a domar? Aquela que ameaça com frequência nosso cotidiano na gestão e que costumo chamar de tripla patologia laboral: a exaustão emocional, somada ao desequilíbrio focal e ao produtivismo irrefletido.

Então, é mesmo a mente! Reflexiva, meditativa, pró-ativa e harmônica. Pois é a mente, com autopercepção, autoconsciência e autorresponsabilidade (pelas autoras concebidos como os fundamentos da alta *performance* emocional) que faz uma liderança competente e inventiva, ao agregar com o masculino e com o feminino uma síntese poderosa.

Livia e Katia nos "querem bem na foto", vestidos e vestidas com gala, sem arrogância, com humildade (sem subserviência) e com um esforço imenso de autoconhecimento para que os comportamentos essenciais, ao serem solidamente vivenciados, caiam bem por dentro e por fora...

Todo o bem-sucedido empenho destemido deste livro é para nos deixar em "trajes maiores" e, por isso, melhores, por serem mais enriquecidos pela reflexão, mais empoderados pela argúcia, mais preparados pela junção que as virtudes andróginas ofertam.

Como bem escreveram elas, para nos estimular ao final de cada parte decisiva, "Agora é com você!"; então, agora, sem pudores inúteis, é com a gente mesmo!

As autoras

Elas por elas

Livia Mandelli por Katia Soares

Nascida no primeiro mês do ano, com formação na primeira universidade de estudos em comportamento andrógino na Inglaterra (University of Gloucestershire), certificada pela primeira escola de *coaching* (parece-me que o pioneirismo a persegue).

Refletindo sobre isso, ainda não sei se o pioneirismo a persegue, ou se é ele que é perseguido por Livia.

Incansável em sua busca pelo conhecimento, e dedicada em sua rotina de trabalho, já aprendeu que conhecimento sem prática não traz os mesmos resultados.

Em seu dia a dia frenético de trabalho e busca de conhecimento, vem conquistando um índice de alta *performance* em tudo que faz, surpreendendo as pessoas, as organizações e a si mesma!!!

Aliás, os que a procuram como profissional buscam exatamente essa receita para suas vidas.

Quem tem a oportunidade de conhecê-la, logo nota que por trás de sua doçura existe uma profissional com uma autoconsciência absurda de quem é e do que ainda pode conquistar.

Para nós, não é mais surpresa recebermos depoimentos de clientes realizados depois das sessões de aconselhamento, *coaching* e *mentoring*.

Mais uma vez protagonista, ela é a primeira profissional brasileira a tratar com tanta riqueza de detalhes a ANDROGINIA, assunto que aborda no livro *Liderança nua e crua* e neste livro. Vendo isso, acredito que seria injustiça dizer que o primeiro lugar a persegue, ela sim, que se dedica todos os dias a conquistar excelência e pioneirismo em tudo que faz.

O que sinto é orgulho e gratidão, por estar acompanhando de perto essa carreira tão linda, construída com muito estudo, trabalho e dedicação.

Caro leitor, espero que ao final desta obra você consiga ver, ao menos parte, da linda Livia que vejo.

Katia Soares por Livia Mandelli

Foi com muita força, coragem e ousadia que esta mulher venceu a vida até agora! Escrevo venceu, porque, quando a conheci, ela tinha um *mindset* incrível de batalhadora, e depois de alguns projetos em conjunto, este *mindset* desapareceu... foi por água abaixo. Hoje ela entende e vive as vitórias e não as batalhas. Isso mesmo, nossa relação começou como *coach e coachee...*

Conhece aquela pessoa que sorri diante dos desafios, que está sempre pronta para uma jornada desconhecida? Esta é a Katia Soares, que iniciou sua jornada em empresas e, logo a seguir, descobriu que sua grande missão organizacional era auxiliar as pessoas na sofrência diária da falta de autoconhecimento; então, em busca de contribuir com a humanidade, tornou-se *coach* e atua deste então auxiliando pessoas em suas carreiras e desenvolvimento de alta *performance.*

Palestrante e *coach*, persistente e focada, ajuda as pessoas a encontrarem os seus caminhos dentro das organizações, realizando trabalhos fortemente estruturados para o desenvolvimento humano e o preenchimento interior dos indivíduos.

Uma grata surpresa, um presente que ganhei ao tê-la como minha parceira no que chamamos de *duo coaching*, que nada mais é do que nós duas, como *coaches,* para um único *coachee*, como ela mesma diz. Duas cabeças pensando juntas, completando-se por natureza, em prol do desenvolvimento do outro.

Grata pela parceria, grata pelo conhecimento e grata pela amizade que se traduz neste livro escrito a quatro mãos, num delicioso vai e vem de discussões e trocas.

Dentre muitos cafés, aqui está a obra, que com muito carinho traduz quem somos e o que pensamos sobre a melhor forma de obter resultados e humanizar as relações dentro das organizações brasileiras.

Carta de Livia Mandelli ao leitor

Escrever um livro é sempre uma grande satisfação, visto que encaro o conhecimento como algo a ser compartilhado.

Ao término desta obra, conversando com meu pai, que é um grande consultor e palestrante em liderança (e eu uma filha coruja), perguntei: Será que o conteúdo deste livro é muito ousado, será que as pessoas estão prontas para isso? E com uma clareza enorme ele respondeu:

"Muitos lerão e colocarão em prática aquilo que você vem disseminando e estes terão um grande diferencial em liderança nos próximos anos, porém existirão aqueles que lerão e que isso não fará sentido algum".

Ao refletir sobre a resposta sábia de meu pai, logo pensei:

"Estamos numa era onde a crise comportamental faz-se presente. Tenho visto pessoas verdadeiramente doentes e intoxicadas pela má qualidade das relações nas empresas, e foi exatamente isso que me inspirou a escrever o *Liderança nua e crua* e este segundo livro, onde, por meio do autoconhecimento e da prática de uma liderança autoconsciente, profissionais podem alcançar uma vida organizacional emocionalmente saudável".

O meu desejo para você é, na verdade, um convite para mudar a sua forma de olhar as relações das organizações e trabalhar com e dentro delas.

Boa leitura!

A grandeza não é onde permanecemos, mas em qual direção estamos nos movendo.

Oliver Wendall Holmes

Os pilares da alta *performance* emocional

Capítulo

1

Este livro é sua grande oportunidade de avaliar a sua *performance* emocional:

- Você está perdendo tempo por falta de engajamento na sua equipe?
- Você está perdendo tempo procurando treinamentos que levem sua equipe para um foco comum?
- Você tem a sensação de que está trabalhando muito e produzindo pouco?
- Você tem se sentido exausto emocionalmente ao final do dia?

Sugerimos a leitura de *Liderança nua e crua*, de Livia Mandelli, primeiro livro desta trilogia, para esclarecimento prévio e profundidade sobre o conceito básico de androginia, que é a linha de desenvolvimento que usamos para a alta *performance* emocional.

Chegou a sua hora de trazer para o plano consciente as atitudes que ressoam e as atitudes que dissonam para os seus liderados em sua prática como líder.

Apesar de este não ser um livro de autoajuda, necessitamos mergulhar em nosso interior para desenvolver algumas capacidades que nos permitam ter autorresponsabilidade sobre os nossos atos.

Nesta obra você encontrará momentos de autorreflexão direcionada, a qual chamamos de "Agora é com você". Essas sessões irão auxiliá-lo em soluções de dentro para fora, trazendo as repostas de seus problemas emocionais de liderança para o plano consciente.

Para que você aproveite este livro de maneira integral, torna-se necessário o estabelecimento de três pilares que dão sustentação à liderança:

Autopercepção

Ter a capacidade de identificar suas próprias emoções e entender que são as emoções que comandam suas atitudes é a premissa básica para a alta *performance* emocional. Convido você a investir tempo para entender quais são os seus "gatilhos emocionais":

Procure observar quais são as atitudes dos outros que provocam certas reações em você. Ao condicionar o seu cérebro a perceber sua emoção você ganha em autopercepção. Além disso, quando você traz esse conhecimento para o plano consciente, fica muito mais fácil conseguir gerenciar as emoções que você quer e deve sentir para ter um dia emocionalmente saudável. Basta percebê-la, freá-la e condicionar-se a ver as coisas de uma forma que lhe traga outra emoção. Não é fácil, mas com disciplina e repetição, logo se torna um hábito.

Quando se sentir nervoso, ansioso, entusiasmado, pare e procure entender o que lhe faz sentir-se assim. A consciência daquilo que sentimos nos leva a uma *performance* emocional diferenciada.

Outra forma de melhorar a sua autopercepção é pedir para as pessoas que convivem com você, tanto em casa quanto no trabalho, que lhe deem *feedbacks* constantes de forma sincera e clara. Internalize e processe a informação recebida no *feedback*; não precisa se justificar, afinal, o objetivo disso é somente entender se a forma a qual você se percebe é a mesma que os outros o reconhecem.

Saber como as pessoas percebem sua atuação vai ajudá-lo a conhecer melhor o seu próprio modo de ser.

> De acordo com esta definição, aproveite este espaço para questionar-se sobre como você se percebe como líder, suas características que alavancam o engajamento de sua equipe e aquelas que impedem as pessoas de fazerem o seu máximo.
>
> Exemplo: As minhas características em liderança são: autoritário, comunicativo, focado em resultado e pouco simpático com as pessoas. Isso alavanca o engajamento da minha equipe, pois todos sabem que quando estabeleço um objetivo todos precisam correr atrás, PORÉM, por vezes, as pessoas podem sentir-se pressionadas e com necessidade de relações pessoais mais intensas para atuarem em sua máxima *performance*. Meu *gap*: relacionamento pessoal.

Autoconsciência

Perceber as suas emoções é o que prediz a sua autoconsciência, que nada mais é do que a consciência que reflete sobre si própria, sobre sua condição e seus processos.

Dessa forma, de nada adianta perceber-se e não refletir sobre quais são os efeitos de sua emoção em suas atitudes e nas pessoas que o cercam. A autoconsciência lhe dá suporte para entender o meio através de suas próprias atitudes e lhe dá suporte para descrever e entender seus estados internos.

O desenvolvimento de sua autoconsciência depende única e exclusivamente da sua vontade, do seu interesse e da sua disciplina em praticá-la. Aliás, quando percebemos que para a alta *performance* emocional basta ter a expressão genuína de vontade, basta querer, e grande parte do caminho já estará percorrido.

Na liderança, ao desempenhar o seu papel com autoconsciência, você passa a moldar o ambiente de acordo com aquilo que você expressa. Você passa a entender o que eleva e o que bloqueia a sua *performance* emocional e a da sua equipe; você passa a entender mais profundamente os resultados de seu próprio comportamento espelhado no outro.

Concordamos com quem está pensando que a vida é muito mais "fácil" sem a autoconsciência. Sim, é mesmo! Porque, quando simplesmente "deixamos os fatos da vida nos levar", ficamos na ignorância emocional, e isso nos permite atuar de qualquer forma e com baixa *performance* emocional; porém, quando entendemos por que e como precisamos atuar, saímos da ignorância e exercemos nosso papel com alta *performance* emocional.

> Aproveite este espaço para fazer uma profunda reflexão sobre quais são as suas atitudes e modelos mais praticados no dia a dia. Traga para o nível consciente a sua forma de ser. Reflita sobre o que o leva a estados de estresse, de desconforto, de preenchimento e de alegria dentro da organização em que você trabalha.

Cuidado para não cair na tentação de olhar ao seu redor ao invés de olhar para si mesmo, afinal, você não deve estar à procura dos culpados de por que as coisas acontecem deste ou daquele jeito, você está apenas trazendo para o nível consciente aquilo que fica à sombra de sua *performance* emocional.

Exemplo:

• O que me leva ao estresse é o sentimento de frustração ao não conseguir as coisas do meu jeito.

• O que me leva ao desconforto é ouvir as verdades das outras pessoas que diferem das minhas.

• O que me leva ao preenchimento é conseguir perceber quando minha equipe acaba o dia feliz.

• O que me leva à alegria é concluir as coisas da forma que eu planejei.

Autorresponsabilidade

É a crença de que cada pessoa é unicamente responsável pela vida que tem levado, somos os únicos que podemos mudá-la e encará-la de frente.

De nada adianta, nada mesmo, você ter autopercepção e autoconsciência se não estiver imbuído em seu *mindset* a autorresponsabilidade sobre como e quando usar todo este conhecimento que hoje vem para o plano racional de sua mente.

É por meio do seu próprio convencimento de que vale a pena ter uma alta *performance* emocional – e que esta nova forma de entender você mesmo e o mundo que o cerca leva-o a um patamar diferente do patamar das outras pessoas –, que fará com que você pratique a autorresponsabilidade em seu dia a dia.

Para praticar a autorresponsabilidade como um estilo de vida faz-se necessário que você reflita sobre:

1) Você decide quando quer ser o protagonista ou a vítima do processo e, ao decidir, esteja ciente do ônus e do bônus que acontecem como consequência de sua decisão. Os papéis, as potencialidades que você coloca em prática e a forma que você pratica a vida são somente de sua responsabilidade.

2) A única pessoa que pode elaborar estratégias pessoais que a levem ao sucesso é você mesmo! Pratique o planejamento de suas ações por meio de sua autopercepção.

3) Você precisa internalizar a premissa de que ninguém é culpado pelo que acontece com você a não ser você mesmo! Assuma a responsabilidade e as consequências de seus atos.

4) O sucesso é um processo, não adianta ter autopercepção, autoconsciência e autorresponsabilidade e achar que isso não vale a pena porque a sua relação com as pessoas não mudou do dia para a noite. A mudança através da alta *performance* emocional é um processo com um marco inicial e sem marcos intermediários ou finais.

5) Trabalhar duro em seu modelo mental faz parte, mas não basta trabalhar em cima disso, precisa querer de verdade.

6) Sorte é para os fracos. Vencedores têm suor!

7) Quando você acredita no seu potencial emocional e de evolução você potencializa a realização.

8) Sonho por sonho é só sonhar! Você precisa sonhar com metas, objetivos claros e planejar o seu caminho. Comprometer-se diariamente em evoluir em seus *gaps* emocionais.

9) Você pode ter a maior parte das coisas que deseja, mas antes de tê-las precisará sonhar, planejar, transpirar, transpirar e transpirar...

10) No caminho da alta *performance* emocional você fraquejará algumas vezes. Não desanime, persista! Sua mente vai tentar sabotá-lo o tempo todo (autossabotagem — repetição de crenças e comportamentos de baixa *performance*), mas seja mais forte do que sua zona de conforto emocional. Sua mente e as pessoas que o cercam tendem a sabotá-lo o tempo todo!

Aproveite este espaço para refletir sobre quais são as suas crenças limitantes (aquilo em que você acredita) que lhe impedem de exercer a alta *performance* emocional.

Exemplos de crenças limitantes:

• "Não consigo porque não tenho conhecimento suficiente".

• "Não posso fazer porque ainda não sei como".

• "Ela não me dá espaço para realizar os projetos".

_____

_____

*[...] você direciona seu time
para onde quiser [...].*

O comportamento andrógino e a alta *performance* emocional

Capítulo 2

Gastamos grande parte do nosso processo de liderança nos questionando sobre "o que fazer para fazer as pessoas quererem fazer".

Os estímulos, reconhecimentos públicos, premiações e promoções são fatores que dão suporte às pessoas para realizarem suas tarefas de forma cada vez melhor; mas será que esses incentivos bastam para mantê-las engajadas por longo prazo?

A nossa resposta é não! Se você levar em consideração que nenhum incentivo – motivação extrínseca – basta para manter o emocional da equipe engajado, logo perceberá que a porta para manter sua equipe motivada está em você mesmo, pois geralmente o liderado desiste ao abandonar o líder, e não a empresa; assim, pense bem, é exatamente no seu comportamento que você encontrará as formas mais eficazes de engajar o emocional de sua equipe. Não deixe de lado os fatores externos como recompensas e reconhecimentos, mas internalize que é a sua forma de liderar que realmente fará a diferença no engajamento de sua equipe.

Liderar não é somente um ato físico, mas o reflexo da sua capacidade em influenciar as pessoas a fazer aquilo que você quer que elas façam e de forma "feliz". Para obter resultados extraordinários não basta tentar influenciar, você precisa estar autoconsciente de suas atitudes e ter em mente que sua equipe vai se moldando de acordo com suas crenças e seus valores.

Levando isso em consideração, você precisa se municiar de alguns itens em sua bagagem de liderança, e o primeiro deles deve ser o espelho:

Líderes geralmente investem pouquíssimo tempo em auto-observação, pois habitualmente estão muito ocupados olhando para fora e acabam por ignorar a importância e a relevância de olhar para si mesmos. Dessa forma, você precisa de disciplina, de um olhar voltado para a autoavaliação de seus próprios comportamentos.

Sempre que perceber atitudes que não agregam resultados para a sua equipe, avalie o que você tem feito que tem gerado tal "sombra" no seu time. Tenha sempre em mente que os problemas de comportamento e engajamento na equipe, geralmente e verdadeiramente, são problemas de liderança, isto é, a forma que você age determina como sua equipe performa.

O segundo item que você deve necessariamente carregar é o seu diário de liderança. Tenha claro para você que liderar é um ato de coragem, e para isso você necessita de alto engajamento para conseguir manter sua própria *performance* em níveis diferenciados, senão, você deixa de cumprir seu papel como líder.

A coragem, que aqui definimos como seguir adiante independentemente das consequências, vem da sua capacidade em entender suas potencialidades, e então usá-las em seu nível máximo de consciência e excelência para ultrapassar quaisquer obstáculos.

Você provavelmente passa grande parte de seu tempo liderando, simplesmente liderando; porém, liderar em alto nível exige autorreflexão para que você consiga fazer os ajustes de comportamento necessários no dia a dia.

Para identificar os ajustes você deve reservar um tempo só seu no final do dia e analisar quais foram os seus comportamentos que realmente fizeram diferença na *performance* do seu time. Note, não é na sua *performance*, mas na *performance* de quem está abaixo de você, pois a nossa premissa básica aqui é que seu time espelha seu comportamento.

Avalie o que você tem feito que tem dado certo e gerado engajamento emocional (vínculos afetivos organizacionais) e o que você tem feito que tem afastado as pessoas de você, dos resultados e consequentemente do "orgulho de pertencer".

Não deixe isso somente em seus pensamentos; escreva, pois ao escrever seu processo mental muda, você reflete enquanto escreve, pode reler suas próprias reflexões e ir elaborando mentalmente novas estratégias de forma mais ordenada e profunda.

Você perceberá que, a partir do momento que houver dedicação na reflexão sobre a sua *performance* atitudinal e emocional, você conseguirá elaborar ideias mais consistentes sobre o que tem funcionado e o que precisa ser aperfeiçoado, mudado, inserido ou mesmo eliminado de suas atitudes.

O terceiro item na sua bagagem de liderança deve ser um *mindset* focado em protagonismo e não em vitimização.

Tenha sempre em mente que todos os problemas só o são porque você não protagonizou a solução. A chave de todo o "sucesso" no engajamento nada mais é do que encarar o problema como oportunidade de solução. Ao escrever solução não queremos que você entenda a solução pelo outro, mas qual a sua solução para o problema.

Note novamente que na sua vida você sempre terá dois caminhos, o de vítima e o de protagonista:

▶ Ao vitimizar, você coloca a culpa da sua baixa *performance* no cenário atual, na empresa, nas relações, no mundo exterior. Você vira o líder da rádio-peão, adora um mimimi, junta-se aos que se parecem com você e entra num ciclo destrutivo de *performance*.

▶ Ao protagonizar, você sempre coloca a responsabilidade do problema em si mesmo, na certeza de que você está tomando posse disso porque vai resolver; e, mesmo se não resolver, vai simplesmente colocar uma pedra em cima e dizer para si mesmo: Próximo, por favor! O protagonista não sofre, mas sente-se feliz com sua atuação na resolução dos problemas e entra num ciclo construtivo de *performance*! Para obter o engajamento emocional da equipe é necessário protagonizar a liderança e todas as suas nuances, e para que isso aconteça faz-se necessário um profundo autoconhecimento e vigilância sobre as suas próprias atitudes no dia a dia, pois elas ressonam positiva ou negativamente na "vida organizacional" da sua equipe.

A liderança genuína necessita de uma atuação muito consciente sobre aquilo que se faz. Dá trabalho? Sim, muito trabalho! Mas vale a pena. Convido-lhe a ficar atento a algumas atitudes mentais que você precisa exercer diariamente:

- ▶ Autopercepção sobre qual é o seu verdadeiro papel.
- ▶ Autopercepção de seus comportamentos.
- ▶ Autoanálise de suas potencialidades e dificuldades.
- ▶ Autoconsciência do impacto de suas atitudes em seus pares, superiores e liderados.
- ▶ Desenvolvimento de habilidades emocionais que permitam a condução do meio e a obtenção dos resultados almejados por você.

Ao elaborar processos de reflexão mais profundos e exercer uma prática em liderança muito mais intencional do que impulsional, você consegue analisar de forma clara e pontual quais são os seus comportamentos, e ao conseguir pontuá-los você passa para um estágio diferenciado de liderança, por meio da prática consciente de um comportamento andrógino.

O comportamento andrógino, abordado no livro *Liderança nua e crua – Decifrando o lado feminino e masculino de liderar*, que é o primeiro desta trilogia, convida o líder a exercer uma mescla de forças essencialmente femininas e essencialmente masculinas (ambas estão presentes em todos os seres humanos independente do gênero) em uma atuação consciente e balanceada chamada comportamento andrógino em liderança.

Vale ressaltar que as forças femininas em liderança são empatia, carinho, compassividade, prestatividade, gentileza, sensibilidade, cordialidade e foco em relacionamento; enquanto as forças do gênero masculino são agressividade, ambição, força, independência, autossuficiência, autoconfiança e foco em tarefas e resultados. As potencialidades e fraquezas de cada umas dessas forças em liderança podem ser encontradas no livro citado anteriormente.

Os próximos capítulos estão dedicados a levá-lo ao autoquestionamento sobre o quanto você tem equilibrado seu comportamento e suas forças na busca do engajamento de sua equipe.

Liderar é trabalhoso e crescer dói, é um processo que exige muita dedicação emocional, autodisciplina e comprometimento. Você está preparado para mudar a sua *performance* emocional?

Se você está buscando uma *performance* diferenciada, onde as pessoas o seguem simplesmente porque você ressona suas atitudes, bem-vindo ao *coaching* dos quatorze comportamentos essenciais que o elevam ao patamar de um líder andrógino com alta *performance* emocional.

Mente à obra!

*[…] esteja equipado e preparado
para performar […].*

O que levar comigo?

Capítulo

3

A bagagem

Não pretendemos convencê-lo sobre a efetividade na execução deste tipo de comportamento, mas pretendemos clarear a sua visão sobre a importância de performar de maneira consciente para gerar engajamento por meio da percepção emocional que seus pares, superiores e liderados têm de você.

Note que para conseguir que as pessoas produzam resultados que lhe agradem, antes de mais nada você precisa liderar pelo exemplo. Sim, sabemos que há muitos livros que contam a história do líder exemplar, mas aqui queremos abordar isso de forma muito mais emocional do que técnica.

Queremos também convidá-lo a exercer a liderança pelo exemplo com as ferramentas já mencionadas: espelho, diário e protagonização.

Lembre-se sempre que, para que as pessoas confiem em você e o sigam com entusiasmo, você precisa de forte coesão entre aquilo que você fala e aquilo que faz. Sem essa coesão é quase impossível inspirar o coração das pessoas para uma trajetória organizacional saudável e produtiva.

Pessoas inspiradas fazem muito mais do que pessoas de "coração vazio". É necessário que você saiba o que as move para conseguir inspirá-las por meio de sua própria prática.

Seguem algumas regras de ouro para colocar em prática aquilo que parece difícil...

Item 1: Espelho

Preocupe-se genuinamente com o que você tem feito para e com as outras pessoas.

A inspiração das pessoas pelas quais você tem interface vem diretamente da forma na qual você lidera, por isso a enorme importância de identificar pontualmente as características comportamentais de sua atuação.

Observe quais são os seus comportamentos que impulsionam e os que limitam as pessoas a atuarem com alta *performance*; porém, tenha em mente que muitas vezes um comportamento que impulsiona um liderado não impulsiona o outro, e daí vem a grande importância em praticar uma liderança individualizada, isto é, definir de forma consciente o que serve para um e o que serve para outro. É a sua atuação que molda a atuação alheia, lembra?

Para isso, você necessariamente precisa investir profundamente em conhecer cada membro da sua equipe, e quando escrevo conhecer, quero dizer: saber quais são os valores, os anseios e as crenças que limitam essas pessoas a agir, os fatores que as impulsionam à ação, as fraquezas e potencialidades de cada um. Sei que neste momento você deve estar pensando que essa é uma missão quase impossível, e minha réplica aqui é que nada é impossível quando protagonizamos a nossa própria atuação. Quer fazer uma boa liderança? Invista em autoconhecimento e em gente.

Comece este exercício olhando para si e para toda a sua equipe, primeiramente identificando os comportamentos/atitudes que você exerce com maior frequência, e então, conversando com as pessoas, vá em busca do entendimento sobre o que as move e o que as imobiliza, assim como quais atitudes impulsionam e limitam cada uma delas.

Enumere, conforme o exemplo a seguir, pelo menos sete dos quatorze comportamentos que você exerce frequentemente, e avalie individualmente o efeito deles em cada pessoa que você exerce liderança, seja onde você tem autoridade para tal e onde você tem que liderar sem autoridade formal:

Pessoa que você tem interface	Seu comportamento	Como impulsiona	Como limita
J.A. (Liderado)	Agressividade	Ele reage muito bem quando é desafiado e colocado em xeque.	Limita-o quando eu extrapolo a agressividade e a expresso de forma pessoal.
P.G. (Liderado)	Foco em pessoas	Ele reage muito bem e sente-se encorajado, quando eu dou a real importância aos feitos pessoais de cada um.	Limita-o a agir quando eu me esqueço de pontuar claramente os resultados atingidos de forma coletiva. Ele expressa que estou sendo injusto com o time, quando reconheço somente feitos individuais.
M.R. (Liderado)	Prestatividade	Sempre que me coloco à disposição para ajudá-la, ela solicita a minha presença e isso estreita nossos vínculos profissionais.	Ela tende a delegar de baixo pra cima, deixando as coisas incompletas, porque sabe que estou sempre ali para ajudar.

Pessoa que você tem interface	Seu comportamento	Como impulsiona	Como limita

Item 2: Diário

O diário de liderança torna-se necessário para que você leve para o nível consciente as atitudes que pratica diariamente. Prepare-se para ter muita disciplina, pois você mesmo vai tentar se burlar, "pulando dias" ou não querendo refletir sobre quem você é e o que faz por meio de sua liderança. Esse é um processo inconsciente que o impede de ir a fundo em quem você realmente é no exercício de seu papel como líder. Note que é muito mais fácil performar dentro da sua zona de conforto, com o botão do automático ligado e deixando as coisas acontecerem sem nenhuma reflexão mais profunda sobre elas. O "pulo do gato" é sentir-se confortável fora de sua zona de conforto, isto é, sentir-se confortável com a aprendizagem. Se o que você quer é partir para um patamar diferenciado de *performance*, antes de mais nada invista em você mesmo e ouse em fazer a vida de forma diferente e consciente.

Fazer a vida? Sim, fazer a vida! Afinal, o que você planta, você colhe. Faça uma plantação sadia e tenha uma ótima colheita.

Pergunte-se diariamente sobre o que você tem feito e qual a ressonância disso em sua equipe.

Elabore estratégias para tornar o que está bom, excelente, e para corrigir o que está errado, o que está fraco na sua *performance*. Porém, vá devagar! Não queira mudar o mundo em cinco dias. Nomeie um comportamento por mês e trabalhe árdua e prazerosamente as estratégias referentes a ele.

O plano precisa ser escrito; planos mentais funcionam, mas não com a eficácia de planos escritos. Rabisque, use *mind maps*, desenhe suas estratégias, seus objetivos, seja claro e comprometa-se consigo mesmo para cumprir suas próprias metas e não somente as metas da empresa.

Converse com as pessoas, peça *feedback* sobre o seu comportamento e não somente sobre a sua *performance*. Ouça com carinho, afinal, *feedback* é como presente: você recebe, abre, sorri e diz obrigado! Depois leva para casa e avalia.

Item 3: Protagonização

As pessoas perguntam: O que é esse tal negócio de protagonização da vida, da liderança? E quando vem esta pergunta, o seu '"eu interior" quer explodir, pois é algo que todos os seres humanos deveriam nascer sabendo. Como se fosse básico para a vida. Poxa, protagonizar nada mais é do que ser o dono de sua própria vida e entender que a sua história é responsabilidade 100% sua.

A imagem mental que formamos nada mais é do que quando vemos uma paisagem linda e temos uma máquina fotográfica na mão; somos nós quem decidimos qual será o foco da imagem, qual detalhe queremos que sobressaia, não é isso? Então, na vida é a mesma coisa: você tem o cenário inteiro disponível na sua frente, mas o foco é você quem dá. Ainda lembre-se que foco certo traz uma imagem bonita; em contrapartida, o foco errado acaba com a foto! A imagem é do mundo, mas o foco é seu!

A protagonização depende quase que exclusivamente de um *mix* entre autoconhecimento, disciplina e ação. Isso significa que não dá para protagonizar se levarmos a liderança de forma automática. Novamente friso que ela precisa ser consciente e intencional.

Cada um deve produzir resultados superiores com ênfase em influência, para que eles possam ser percebidos pelo outro com o grande objetivo de que, quanto mais seus pares, superiores e liderados conseguirem enxergar seu alto desempenho, maior será a sua credibilidade. Como sabemos, esta é uma das bases de uma liderança perene.

Ao protagonizar, torna-se de extrema valia que você aja conscientemente de maneira íntegra, mesmo que isso lhe custe sua cabeça, pois é a sua integridade que lhe trará a confiança da equipe e que fará da sua liderança um exército de pessoas engajadas e bem-sucedidas.

Neste momento você deve estar pensando: "Como assim: protagonização, confiança, credibilidade, tudo junto e misturado?" E minha resposta é simplesmente sim! Note que protagonizar focando naquilo que é certo, e mantendo a coesão entre aquilo que você fala e aquilo que você faz, trará a você pessoas altamente engajadas, e não somente comprometidas com resultados.

A sua integridade como líder vai sendo construída ao longo do tempo, de acordo com a ética que você exerce suas tarefas diárias e seus relacionamentos, de acordo com a sua honestidade com pessoas e com o próprio negócio, e de acordo com a sua própria responsabilidade espelhada no seu nível de engajamento.

[...] sua mente é o seu guia [...].

A inteligência emocional em ambiente organizacional

Capítulo 4

Neste mundo globalizado, em razão dos grandes avanços tecnológicos, da intensa competitividade no mercado, das mudanças constantes no ambiente organizacional e até mesmo da falta de tempo para o lazer, as pessoas tendem a lidar sem tanta eficácia com as suas emoções, pois simplesmente não têm tempo para se auto-observar e refletir sobre suas próprias atitudes.

Torna-se de extrema valia a conscientização de suas emoções como fonte fortalecedora de suas atitudes no dia a dia organizacional. Sem forte autopercepção não há como exercer o comportamento andrógino!

Assim, inteligência emocional e comportamento andrógino andam de mãos dadas.

Ao lidar com pares, superiores e subordinados, o líder perde o direito de não investir em autoconhecimento e gerenciar com excelência as suas emoções, pois esta é a única forma de exercer uma liderança consciente sobre a ressonância de suas atitudes nos outros.

Segundo Daniel Golemann, inteligência emocional nada mais é do que "a capacidade de identificar nossos próprios sentimentos e os dos outros, de motivar a nós mesmos e de gerenciar bem as emoções dentro de nós e em nossos relacionamentos".

Ainda complementamos com a seguinte definição: A inteligência emocional é a capacidade de perceber, avaliar e expressar emoções com precisão; a capacidade de acessar e/ou gerar sentimentos quando estes facilitam o pensamento; a capacidade de entender as emoções e o conhecimento emocional e a capacidade de regular emoções para promover o crescimento emocional e intelectual[1].

A inteligência emocional contém cinco competências que são classificadas como: autopercepção, autorregulamentação, motivação, empatia e habilidades sociais.

---

1. MAYER & SALOVEY, 1997, p. 401. Apud VALLE, 2006, p. 33.

- ▶ Autopercepção: compreender e "manipular" de modo consciente e confiante suas emoções para desenvolver um comportamento correto diante da situação enfrentada.

- ▶ Autorregulamentação: autocontrole, ou seja, a sua capacidade de usar suas emoções de modo a facilitar o bom desenvolvimento do dia a dia.

- ▶ Motivação: capacidade de dirigir suas emoções a serviço de um determinado objetivo.

- ▶ Empatia: habilidade em reconhecer o que os outros sentem.

- ▶ Habilidade social: desenvoltura em relacionamentos interpessoais.

É importante que todo líder se conscientize de que as emoções afetam o desempenho no trabalho tanto para o lado positivo quanto para o lado negativo. Ao mesmo tempo em que podem alavancar e melhorar o desempenho do líder e daqueles que o cercam, podem impedir que o meio exerça a alta *performance* por influências desmotivadoras.

A capacidade de administrar eficazmente as emoções em posições de liderança pode ser decisiva para o sucesso.

A ausência ou baixa inteligência emocional prejudica o progresso e o sucesso do líder dentro da empresa e, por outro lado, o seu uso contínuo e consciente pode levar a resultados produtivos, tanto para o indivíduo quanto para a organização.

Para exercer uma liderança eficaz e perenizá-la em alta *performance* emocional você deve aprender a gerenciar suas próprias emoções, para depois lidar com a emoção dos que o cercam. Não entenderá as emoções dos outros se não souber lidar com as suas, e isso não é nada fácil, mas extremamente necessário para o seu sucesso ao exercer o comportamento andrógino e conseguir extrair o melhor de si e dos outros.

Você deve estar emocionalmente preparado para conduzir sua equipe, evitando conflitos e criando um ambiente de trabalho agradável, onde há confiança e respeito, e isso você só consegue por meio de alta autopercepção e do balanceamento das forças femininas e masculinas (androginia).

As equipes de trabalho devem estar motivadas e se relacionarem bem, pois estes fatos não implicam somente o bem-estar de cada um como indivíduo, mas também o bem-estar de toda a equipe, a qualidade de vida no trabalho e consequentemente a produtividade e o desempenho de cada um, gerando resultados positivos para a organização. Você deve estar atento às relações de sua equipe para evitar ou resolver os conflitos, não deixando que impactem de forma negativa nos resultados da organização e no bem-estar do grupo.

Antes de mais nada, teste a sua inteligência emocional, invista em você mesmo, entenda as premissas daquilo que lhe fortalece e que o inibe de exercer a alta *performance* e obter resultados excelentes.

Autoavaliação

Avalie sua inteligência emocional de acordo com suas reações em cada situação e responda:

1) Quando estou sob pressão, encontro meios para atingir meu foco, não desisto quando surgem dificuldades.

( ) sempre

( ) quase sempre

( ) às vezes

( ) raramente

( ) nunca

2) Mesmo em momentos estressantes consigo manter a calma.

( ) sempre

( ) quase sempre

( ) às vezes

( ) raramente

( ) nunca

3) Sou seguro.

( ) sempre

( ) quase sempre

( ) às vezes

( ) raramente

( ) nunca

4) Procuro me colocar no lugar do outro quando noto que está passando por dificuldade.

( ) sempre

( ) quase sempre

( ) às vezes

( ) raramente

( ) nunca

5) Consigo fazer uma avaliação clara e verdadeira sobre meus talentos e limitações.

( ) sempre

( ) quase sempre

( ) às vezes

( ) raramente

( ) nunca

6) Consigo expressar minhas emoções conforme a necessidade de cada momento.

( ) sempre

( ) quase sempre

( ) às vezes

( ) raramente

( ) nunca

7) É muito difícil eu perder a paciência com as pessoas.

( ) sempre

( ) quase sempre

( ) às vezes

( ) raramente

( ) nunca

8) Aprendo com experiências negativas e sei controlar minha frustração.

( ) sempre

( ) quase sempre

( ) às vezes

( ) raramente

( ) nunca

9) Quando encontro dificuldades de me relacionar com outra pessoa, resolvo diretamente com ela de forma assertiva e respeitosa.

( ) sempre

( ) quase sempre

( ) às vezes

( ) raramente

( ) nunca

10) Consigo me expressar com clareza e me faço entender pelos outros.

( ) sempre

( ) quase sempre

( ) às vezes

( ) raramente

( ) nunca

> Atribua os seguintes pontos para cada uma de suas respostas:
> 1 = NUNCA
> 2 = RARAMENTE
> 3 = ÀS VEZES
> 4 = QUASE SEMPRE
> 5 = SEMPRE
>
> Anote seus pontos:
> NUNCA: _____
> RARAMENTE: _____
> ÀS VEZES: _____
> QUASE SEMPRE: _____
> SEMPRE: _____
>
> TOTAL DE PONTOS: _____

- ▶ 41 a 50 pontos – Sua inteligência emocional é alta. Você não tem dificuldade de fazer amizades e nem de se relacionar de forma produtiva e positiva com as pessoas.

- ▶ 31 a 40 pontos – Sua inteligência emocional é boa, mas você pode investir em observar o comportamento e lidar ainda melhor com as pessoas, isso elevará a sua inteligência emocional.

- ▶ 21 a 30 pontos – Sua inteligência emocional é baixa e por isso é importante que passe a conversar mais com as pessoas, ouvindo atentamente e respeitando seus sentimentos. Exerça a sua empatia colocando-se no lugar do outro antes de tomar decisões.

- ▶ 11 a 29 pontos – Seus relacionamentos não estão com boa qualidade, procure ouvir as pessoas, interagir, colocar-se no lugar do outro, tentando entender o porquê de cada comportamento e respeitando as diferenças.

*[...] antecipe-se aos conflitos e pratique
a liderança autoconsciente [...].*

Feminino ou masculino?

Capítulo

5

Partindo da premissa de que a partir deste momento você está focado em autoconhecimento e nas pessoas que o cercam, e ainda que suas principais ferramentas serão o espelho, o diário e a protagonização de sua carreira, quero lhe fazer um convite para um trabalho árduo.

Note que é árduo porque estamos convidando você para refletir e a reflexão dói; aliás, crescer dói, certo? O convite acima refere-se à saída de sua zona de conforto emocional, à identificação de seus pontos a serem aprimorados e à entrada em ação!

Os direcionamentos para este momento são:

1) Não queira mudar o mundo em um único dia. As mudanças emocionais precisam ser conscientes e constantes. Tenha em mente que é a persistência e a continuidade de seus padrões mentais que tornarão a mudança concreta.

2) Estabeleça "pactos emocionais" com as pessoas em seu entorno, explicite, verbalizando que você está em processo de mudança emocional e peça *feedbacks* constantes.

3) Tenha disciplina! Seu cérebro irá perturbá-lo para que retorne aos seus padrões antigos de comportamento.

4) Faça o planejamento da mudança: faça um diário de bordo com todos os seus *insights* e modelagens de comportamento que deram certo ou que deram errado.

5) Repita padrões consistentes para torná-los parte da sua rotina. Ao repetir o mesmo padrão de forma consecutiva ele se torna um hábito.

Esperamos que você saia do papel de observador e coloque em prática as dicas preciosas que serão exploradas a partir de agora.

Antes de mais nada será necessário que você tenha definido quais suas características/forças como líder.

Segue a descrição das forças da liderança tanto feminina quanto masculina. Assim, convidamos você a autoavaliar-se e identificar quais são as forças mais presentes em seu dia a dia. Após identificá-las, você entenderá se tem agido de forma mais masculina, mais feminina e se tem equilibrado, usando ambas as forças em sua máxima potencialidade, o que o leva à androginia.

Aqui vale ressaltar que o fato de ter uma prática mais feminina ou mais masculina não tem relação alguma com o seu gênero, mas sim com o seu comportamento.

Vamos lá....

Quais são as minhas forças que geram engajamento na equipe?

Assinale de 1 a 5 (1 mais fraco e 5 mais forte) a potência da força masculina e feminina em sua atuação.

Forças da liderança feminina:

▶ Sensibilidade: dono de percepção holística do meio:

1   **2**   **3**   **4**   **5**

▶ Empatia: perceber a emoção do outro e agir sobre esta percepção:

1   **2**   **3**   **4**   **5**

▶ Gentileza: capacidade e vontade plena de "agradar" o outro:

1   **2**   **3**   **4**   **5**

▶ Cordialidade: capacidade e vontade plena de ajudar o outro:

1   **2**   **3**   **4**   **5**

▶ Prestatividade: ajudar o outro cotidianamente com prazer:

1   **2**   **3**   **4**   **5**

▶ Carinho: capacidade de enxergar as pessoas de forma holística:

1   **2**   **3**   **4**   **5**

▶ Foco em relacionamento: *mindset* alinhado com o perfil de líder desenvolvimentista. Consciência da importância das pessoas e do relacionamento para atingir resultados sustentáveis:

1   **2**   **3**   **4**   **5**

Forças da liderança masculina:

▶ Agressividade: energia contínua para mudar o percurso daquilo que acredita que não está indo bem:

1   **2**   **3**   **4**   **5**

▶ Força: energia perene e propulsora de alta *performance* sem estímulos extrínsecos:

1   **2**   **3**   **4**   **5**

▶ Autoconfiança: crença de que sozinho obtém-se resultados perenes:

1   **2**   **3**   **4**   **5**

▶ Autossuficiência: sentimento de ser capaz de realizar por si só:

1   **2**   **3**   **4**   **5**

▶ Ambição: gerenciar as suas ações pensando sempre em vencer:

1   **2**   **3**   **4**   **5**

▶ Independência: capacidade de realizar as coisas por si mesmo

1   **2**   **3**   **4**   **5**

▶ Foco em tarefas: *mindset* alinhado com o perfil de um líder *driven to results:*

1   **2**   **3**   **4**   **5**

As forças que foram assinaladas nos números 1 e 2 são seus maiores *gaps* emocionais em androginia e precisam de desenvolvimento, as forças que foram assinaladas no número 3 são aquelas que estão sendo usadas, mas sem grande ênfase para obter engajamento das pessoas, as forças 4 e 5 são suas fortalezas e precisam de atenção e autoconsciência para determinar quando e como elas precisarão ser usadas.

O objetivo é elevar todas as forças, tanto masculinas quanto femininas, ao nível 5 e ter autoconsciência e autorresponsabilidade para entender os momentos em que cabe o uso de cada uma delas. É exatamente neste ponto que jaz o segredo de uma liderança perene e emocionalmente saudável.

Anote abaixo as forças que não atingiram os níveis 4 e 5 e que você trabalhará neste próximo semestre. Elas servirão de guia para a reflexão que iniciaremos no próximo capítulo.

Pronto! Sabendo quais os pontos a serem trabalhados podemos elencar por prioridade por onde iremos iniciar a reflexão.

O topo da alta *performance* emocional está em você se conscientizar de suas forças e saber usá-las de acordo com cada situação.

O líder que exerce muito mais forças masculinas do que femininas no seu dia a dia tende a formar uma equipe mais estressada, mais cansada, porém com resultados quantitativos muito bons; já o líder que exerce mais forças femininas tende a formar uma equipe mais colaborativa, empática e saudável emocionalmente; dessa forma, o "pulo do gato" é saber usar em doses igualmente determinadas tanto as forças masculinas quanto as femininas – o que chamamos de comportamento andrógino em liderança. Através deste comportamento você tem a possibilidade de trabalhar com pessoas emocionalmente saudáveis e geradoras de grandes resultados.

O equilíbrio entre as características da sensibilidade feminina e a assertividade masculina deve estar presente nas empresas contemporâneas e em seus líderes, independentemente do gênero. Aprender a conviver com a organização em ebulição e concentrar esforços na busca do reconhecimento do seu trabalho, por clientes internos e externos, por meio do uso consciente do *mix* de comportamentos, deve ser o objetivo de todos no mundo corporativo.

Dê uma olhada no seu ambiente de trabalho, passe a utilizar forças femininas e masculinas. Os líderes têm na mão o poder de fazer ressonar (positivo) ou dissonar (negativo). Você precisa tornar a sua liderança memorável para os seus liderados. Isso significa sucesso indiscutível no processo de liderar. Vá em frente fazendo a diferença, corra riscos, ouse e seja número um em relacionamentos e resultados. Não hesite, atue!

Antes de abordarmos profundamente nas forças masculinas e femininas, você precisa refletir sobre algo de extrema relevância chamado "atitude vencedora", pois, sem ela, praticar as forças abordadas anteriormente é uma missão impossível.

1) Para ter este tipo de atitude, antes de mais nada você precisa entender quem você é, quais são as crenças que o limitam e que o impulsionam para atingir seus objetivos e sua realização de vida.

2) Invista tempo para entender o seu cenário atual, liste todas as "molas propulsoras" à sua disposição e elabore estratégias para usá-las.

3) Internalize a premissa básica de que seu passado é somente o que passou. Não há mais o que fazer, não adianta olhar para trás. Coloque seu foco no hoje!

4) Tenha muito claro em sua mente que querer não é poder! Você precisa atuar em cima de suas vontades e de seus objetivos. O querer não o leva para a ação; o que o leva à mudança é o seu próprio agir, e não somente o seu querer.

5) Imagine-se vencedor, sonhe acordado, faça imagens mentais de tudo aquilo que você deseja para a sua liderança. Invista no autocontrole dos seus pensamentos. Ao pensar bem, você performa bem!

Além disso, é necessário preparar o seu cérebro para a alta *performance* emocional. Gostamos muito de pensar que o cérebro precisa ser exercitado. Costumamos brincar que precisamos fortalecer o "músculo cerebral" e isso implica exercícios diários que o tirem de sua zona de conforto, por meio de ações essenciais que você deve se comprometer a partir de hoje:

1) Invista em entender o seu cérebro, o seu funcionamento, seus gatilhos de motivação e de estresse.

2) Brinque: brincar, divertir-se, ativa as áreas pré-corticais necessárias para a tomada de decisão. Brinque com as pessoas, com seus filhos, com seus colegas. Não deixe de brincar.

3) Procure padrões: procure entender os padrões das coisas ao seu redor. Aqui você estimula o hemisfério esquerdo do seu cérebro que é onde está a base de dados de conhecimentos prévios, fatos, língua nativa, rotinas, seu lado lógico.

4) Busque novidades e inovações: Aqui você "exercita" o hemisfério direito. Faça as coisas de uma forma diferente, mude a forma de conversar com as pessoas, experimente novas tecnologias, cumprimente de forma diferente, inove... Quanto mais coisas novas você aprender, maior será a sua quantidade de conexões neurais.

[...] sua mente é sua maior força [...].

Estratégias mentais necessárias para a grande mudança emocional

Capítulo 6

Não basta querer mudar e entender suas forças, você precisa de estratégias mentais que estimulem o seu cérebro a ter um funcionamento saudável e disposto a realizar coisas novas de forma prazerosa e, por isso, para atuar de forma andrógina em sua liderança, faz-se necessário inserir algumas práticas em seu dia a dia:

1) Lidere movimentando: Ao levantar você aumenta em 15% a oxigenação do seu cérebro, o que melhora diversas funções. Aproveite o seu caminhar na empresa para identificar os padrões das coisas e das pessoas, e assim desenvolva cada vez mais o hemisfério esquerdo do seu cérebro. Andar o aproxima das pessoas, estreita seus vínculos com elas, ajuda-o em sua visibilidade, influência e credibilidade, além de contribuir para o seu próprio "fortalecimento" cerebral.

Descreva detalhadamente a forma que você andará e se aproximará das pessoas a partir deste momento. Imagine-se em ação, sinta o gosto de fazer a prática de novas atitudes, você perceberá que seu cérebro vai internalizando uma nova forma de praticar a vida.

2) Invista em ter contato diário com coisas engraçadas que o façam rir. A neurociência traz à luz o conhecimento de que o bom humor contribui com o seu funcionamento cerebral, o riso desativa os sistemas de perigo de sua mente, produzindo serotonina e endorfina que lhe trazem bem-estar. Quando você ri, você ganha em qualidade de vida. Autorize-se!

Descreva detalhadamente datas, horários e forma que você investirá neste novo conceito a partir deste momento. Imagine a ação, sinta o gosto de colocar em prática novas atitudes.

_____

_____

_____

_____

3) Divirta-se, distraia-se: ter passatempos de forma descompro-
missada ativa as áreas necessárias para a tomada de decisões.

Imagine quais são os passatempos mais prazerosos para
você, o que você gosta de fazer sem grandes compro-
missos, somente por diversão. Invista no planejamento
disso, defina as datas para isso acontecer, coloque lembre-
tes em seu *outlook* para condicioná-lo a colocar em prática
aquilo que se propôs. Não deixe a rotina engolir você!
Descreva aqui quais serão os seus passatempos e colo-
que-os numa escala de 0 a 10 de prazer.

_____

_____

_____

_____

_____

_____

4) Permita-se atuar: experimente ser um líder zen, um líder Steve Jobs, um Bill Gates, um Mark Zuckenberg, e assim por diante. Brinque de forma consciente com a sua liderança.

Descreva detalhadamente com datas, horários e forma que você irá permitir-se atuar a partir deste momento. Imagine quando você conseguirá colocar isso em prática, invista em fazer a cena mentalmente, treine seu cérebro para um funcionamento eficaz.

5) Aprenda: não permita que um dia sequer acabe sem que você tenha aprendido algo novo. Protagonize a sua aprendizagem!

Descreva aqui aquilo que aprendeu durante a semana passada. Coloque no papel suas aprendizagens e programe-se para ter contato com algo novo sempre presente em sua rotina diária.

6) Aproveite as oportunidades: todas as vezes que você entra em contato com coisas novas como viagens, apresentações... você desenvolve novas conexões neurais.

Vislumbre as oportunidades que você terá contato nos próximos dias e planeje a sua estratégia de aprendizagem.

7) Use a caneta: pensamentos e *insights* sensacionais passam pela nossa cabeça todos os dias e acabam se esvaindo pelo simples fato de que a memória de curto prazo deixa as coisas passarem por ela sem internalizá-las. Assim, escreva seus pensamentos, não perca as oportunidades em registrá--los, releia o que escreveu, aprofunde suas ideias!

Comece agora mesmo! Reflita escrevendo... escreva refletindo...

_____

_____

_____

_____

Chegou a hora! A partir de agora abordaremos item por item de cada característica de comportamento/força masculino e feminino.

Vamos colocar nossa mente para trabalhar, fazendo reflexões e elaborando estratégias de mudança comportamental para gerar engajamento na equipe e saúde emocional para você e para os que o cercam.

*[...] para cada situação, um
comportamento [...].*

Tenho forças masculinas?

Capítulo **7**

I niciaremos com as forças masculinas de liderar:

Agressividade

*Energia contínua para mudar o percurso
daquilo que acredita que não está indo bem.*

Apesar de esta característica ser altamente valorizada, devemos tomar cuidado com o direcionamento que lhe é dado, se você identificou que no seu estilo de liderança esta força tem peso baixo, ou seja, precisa ser potencializado. Veja aqui uma maneira de usá-la sem que ela se torne disfuncional.

Como me tornar um líder com características de agressividade sem desmotivar minha equipe? Sem que as pessoas percebam isso como algo pessoal? Como eu utilizo essa força a meu favor e não contra minha própria liderança?

Essas são questões que devemos estar atentos. Vamos apresentar agora algumas soluções para usar essa força e gerar resultados positivos.

Uma forma de direcionar agressividade para uma resposta positiva é buscar soluções junto à equipe, desenvolver diálogos com líderes, definindo regras e premissas, levando o grupo ao entendimento de quais serão os riscos se o objetivo não for atingido, isto é, compartilhar suas estratégias e ações do início ao fim dos processos.

Note que fazer a equipe entender em conjunto suas possíveis perdas e ganhos, e então detectar quais caminhos devem ser percorridos, é essencial para que os membros do seu time entrem em consonância com o seu estilo de gestão; aí então deve-se estimular a agressividade no grupo, mas uma agressividade conjunta com *foco no resultado*, uma postura de "ir pra cima" dos resultados e não focada em comportamentos individuais.

Segundo, o seu foco em agressividade deve estar nos resultados e não nas pessoas; assim, analise seu comportamento ao fazer a gestão de liderados. Tenha em mente que seu objetivo deve estar no desenvolvimento do profissional e como ele pode melhorar sua *performance* e não no que ele faz de errado quando não corresponde ao que foi solicitado. Comece refletindo e avaliando onde você está empregando a sua agressividade. Avalie profundamente as suas atitudes. Quando a sua agressividade aponta para o indivíduo, você perde!

Terceiro e não menos importante no quesito agressividade: Como ela é utilizada nas suas relações pessoais? Você é do tipo de pessoa que abre mão de suas vontades para não gerar conflitos? Ou não interfere nas decisões, entendendo que as pessoas são obrigadas a saber o que é certo ou errado?

A partir de agora posicione-se, seja assertivo, deixe claro para as pessoas qual sua opinião sobre as coisas. Ser assertivo não significa ser áspero ou desagradável, significa posicionar-se com afeto, deixar claras suas vontades e ideias. Isso não quer dizer que farão o que você quer, mas é muito importante que as pessoas saibam suas opiniões por meio do diálogo e não da coerção.

Faça esse exercício nas suas relações. Seja firme com elegância, se quiser use uma referência de alguém que você admira e consegue fazer isso com maestria.

Cinco sugestões altamente eficazes para empoderar sua agressividade:

1) Avalie se você está sendo agressivo com as pessoas ou com os resultados.

2) Pergunte às pessoas como elas se sentem quando você acredita que está sendo agressivo. Isso surpreenderá as pessoas, por isso dê um tempo para que elas lhe respondam.

3) Avalie se você tem desistido das coisas no meio do caminho ou mesmo se o seu final é realmente o final dos processos.

4) Decida diariamente em um planejamento pessoal como você usará a sua agressividade naquele dia; use-a de forma consciente.

5) Jamais permita que sua agressividade tenha o foco nas pessoas. Para saber se isso está acontecendo você precisa avaliar a linguagem corporal e verbal da equipe e identificar quando você ultrapassou os limites.

A partir de agora, ao final de todas as forças, tanto femininas quanto masculinas, haverá um quadro que deverá ser preenchido como no exemplo da p. 84.

Reflita sobre qual será a sua regra de ouro para fortalecer cada uma das forças. Depois disso, reflita e escreva abaixo duas atitudes que deverão ser inseridas na sua rotina.

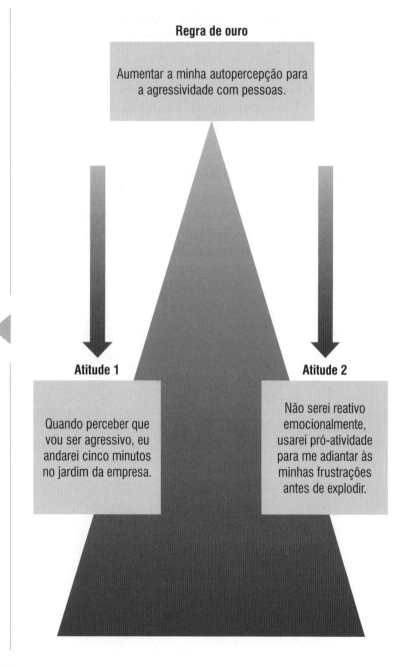

Ao escrever a sua regra de ouro para a agressividade leve em consideração aquilo que você faz no seu dia a dia e o que você deve aplicar em sua forma de pensar e de agir para potencializar e internalizar o conceito explorado.

A regra de ouro se concretiza e eleva você ao patamar de comportamento andrógino, que resulta em alta *performance* de sua equipe, pois os neurônios-espelho levam as pessoas ao seu redor a refletirem suas próprias atitudes.

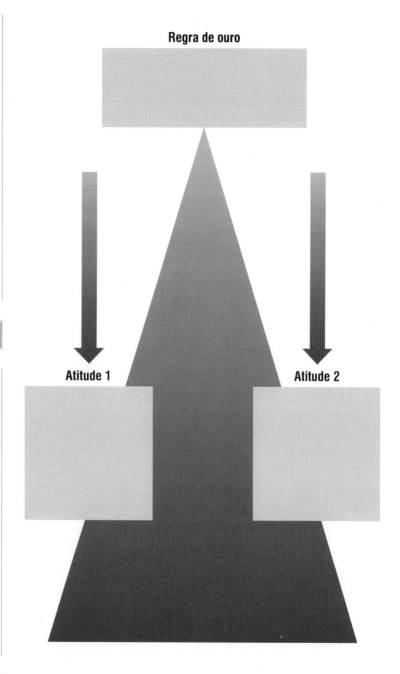

Ambição positiva

Gerenciar as suas ações pensando sempre em vencer.

Se você já passou por algum processo de *coaching*, vai entender mais rápido aonde estamos querendo chegar a partir de agora. Para falar de ambição devemos falar sobre você, é isso mesmo! Vamos focar numa reflexão profunda, uma das mais importantes, se não a maior de todos os capítulos que iremos trabalhar.

Como você chegou ao seu cargo de liderança? Com muita dedicação, quem sabe um pouco de sorte? Você planejou cada passo, ou as coisas foram acontecendo? Você sabe onde esteve e aonde quer chegar?

Neste momento podem estar surgindo perguntas como: O que isso tem a ver com ambição? E respondemos: tudo!

Para se ter ambição, para que ela seja utilizada como uma característica poderosa que o projeta rumo ao seu objetivo, você precisa definir com muita clareza quem você é e aonde você quer chegar.

Para ficar mais fácil, selecionamos três perguntas poderosas para que você responda com a mais profunda verdade.

1) Quais são os três principais e mais importantes valores para você? (saúde, segurança, ética, honra...)

2) Profissionalmente falando, onde você gostaria de estar trabalhando daqui há 10 anos? Onde você estará trabalhando? Qual seria o seu cargo? Quanto você estaria ganhando? • Como seria a sua equipe? (Faça isso com a maior riqueza de detalhes possível.)

3) Quais atitudes você deve ter ao longo desses 10 anos para alcançar esse objetivo? Como será seu dia a dia? Como será seu relacionamento com as pessoas? Quais comportamentos você terá de aprimorar para atingir esse objetivo o mais rápido possível?

Pensar sobre si mesmo é descobrir quem você é e o que espera da vida, o segredo é que, quando conseguir identificar isso, conseguirá ter foco. Uma pessoa que sabe o que quer consegue ser ponderada, antecipa o que deve acontecer, o que lhe traz clareza e confiança; se existe um planejamento, mesmo quando algo sai fora do planejado, é possível reavaliar e escolher direcionamentos.

Entendendo aquilo que você deseja é possível construir um legado, um grande objetivo de vida; alinhar isso aos seus valores traz força e realização. Cada indivíduo tem seus próprios motivadores, por isso descubra os seus!

Somente a partir daí você terá como força sua "ambição" profissional e de vida. Pessoas que têm fortes características de ambição se conhecem e sabem bem o que querem. Se você ainda não descobriu seus motivadores, valores e propósitos de vida, inspire-se, separe alguns minutos do dia para pensar sobre essas questões, leia, releia, questione-se até encontrar a fórmula perfeita para você.

Mais uma vez essa pode ser uma arma poderosíssima para sua alta *performance* e sucesso, inspire-se!

Agora é com você!

Cinco sugestões altamente eficazes para empoderar a ambição:

1) Trace seus planos anualmente, escreva seus objetivos e atitudes necessárias para alcançá-los e defina *deadlines* para cada um dos itens.

2) Mensalmente volte ao seu plano e avalie o que fez e o que deixou de fazer, não se culpe por não ter feito, mas conscientize-se de que aquilo pode acabar com seu sucesso.

3) Faça acordos familiares para que seus planos estejam bem claros para as pessoas que o cercam e alinhe o tempo que

irá dedicar a isso. Envolva as pessoas em seus anseios, isso torna a sua jornada mais tranquila.

4) Se você está com dificuldades para entender aonde quer chegar, não hesite, procure a ajuda de um *coach*. Todos os anos são extremamente preciosos em sua vida.

5) Internalize que você é o único responsável por fazer as coisas acontecerem e, com planejamento, tudo fica mais fácil, evitando-se os desvios de rota. Assim, se quer planejar uma carreira em TI, não gaste seu tempo com cursos sobre culinária. Foco é tudo! Aliás, foco com ambição positiva formam uma dupla de sucesso!

Este é o momento que você tem para se comprometer com um novo modelo e para colocar em prática novos padrões emocionais:

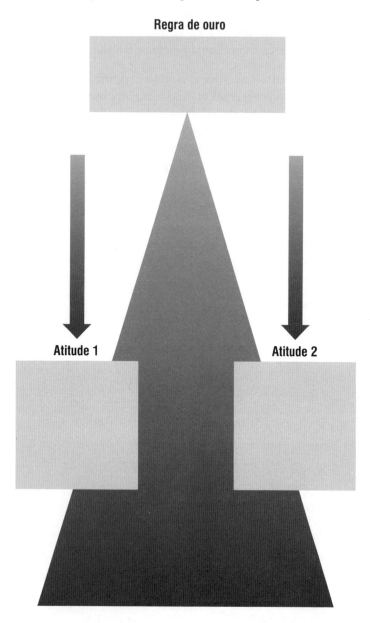

Força

Energia perene e propulsora de alta
performance *sem estímulos extrínsecos.*

Desde criança você tem tido um enorme trabalho para conseguir se firmar como indivíduo na sociedade.

Primeiramente, cada pessoa deve estabelecer seu papel dentro da família. Posteriormente, no grupo escolar; logo mais como adolescentes, depois como adultos, e ainda, como adultos, devemos desenvolver a consciência de nossas forças e fraquezas, isto é, um adulto autoconsciente com alta inteligência emocional.

A necessidade de se posicionar e de conseguir "seu lugar ao sol" faz com que o empenho seja necessário. Para os homens, isso é potencializado, no meio corporativo, pela força e pelo *status quo* da liderança, tipicamente masculina. Já nas mulheres, isso é construído por meio da clareza de seus objetivos e caminhos que precisam ser percorridos, além de uma boa dose de automotivação.

O perigo de não compreender essa força, e não saber com qual potencialidade você a está usando, é que ela pode trazer malefícios para sua equipe. Líderes fortes geram ambientes competitivos, mas, quando toda energia está apenas no foco do resultado esperado, o desenvolvimento fica em segundo plano, e isso não é o que se espera de um grande líder. A força gera resultados, mas precisa ser dosada conscientemente; o excesso dela é um perigo para as organizações, pois a força exagerada cega a capacidade de desenvolvimento de gente e coloca o foco do líder somente nos resultados, sem o entendimento de que pessoas desenvolvidas e pessoas certas alocadas nos lugares certos são o caminho mais curto para o sucesso!

A chave está no equilíbrio, em saber dosar a sua força interior, sua vontade de vencer, de ter o balanço correto entre o foco em resultados e o desenvolvimento de pessoas.

O papel do líder não é ficar sentado em uma cadeira achando que todas as soluções devem partir dele, o *walk about* (liderança de contato com as pessoas, uma liderança de diálogos e entendimento da situação do outro através do forte investimento em liderar "andando" e não em sua própria cadeira, em seu próprio mundo) com foco em sua própria força de influência e persuasão é que o ajudará nas suas conquistas no ambiente organizacional. Adote pequenas ações como:

- ▶ Ter conversas informais durante o dia com as pessoas.
- ▶ Entender profundamente quem são as pessoas que estão trabalhando com você.
- ▶ Elaborar estratégias de ambiente onde as pessoas possam realmente atuar.

Note que isso gera satisfação na equipe, sabendo que suas opiniões estão sendo ouvidas; as pessoas estarão mais atentas, sabendo que é interessante que tenham boas ideias; será uma equipe pensando em soluções e não apenas fazendo soluções.

- ▶ Ao praticar o *walk about*, você proporciona proximidade com as pessoas, e isso gera engajamento, afinal, as pessoas geralmente abandonam seus líderes e não as empresas; assim, quanto mais próximo das pessoas, mais seguidores genuínos você terá rumo aos seus propósitos.

Agora é com você!

Cinco sugestões altamente eficazes para empoderar a força:

1) Dê voz e valorize boas ideias. Faça grupos de inovação no seu *time*, estimule as pessoas a fazerem mais com menos, a otimizar processos, crie um ambiente que estimule a criatividade! Isso fará com que outras pessoas se sintam estimuladas a pensarem "fora da caixa", a buscarem soluções para o que aparentemente deve ser feito pelo outro.

2) Invista em capital intelectual! Tá certo e todos nós já sabemos que carreira é problema de cada um, porém aqui levanto a necessidade em fomentar o capital intelectual dentro das organizações, estimulando leituras, discussões, grupos de trocas e aprendizagem. Quanto mais conhecimento sua equipe tiver, mais independente será. Maior será o número de ideias, maior antecipação de problemas, menos centralização e mais fluidez para os resultados.

3) Adote ações diárias, exercite o equilíbrio para sua força. Comprometa-se com um mantra diário sobre quais atitudes você colocará seu foco, exercendo a sua força com sabedoria e influenciando o outro a dar o melhor de si através da modelagem de *performance* pela sua própria atuação.

4) Peça *feedbacks* mensais às pessoas que você confia para ir balizando a intensidade da força que você está exercendo. Ao ouvir o *feedback* não se coloque em posição defensiva, somente ouça e depois balize o que precisa ser feito. Atenção, peça *feedback* para alguém que fale a verdade para você.

5) Enfim, use a força que existe dentro de você em prol do desenvolvimento humano dentro das organizações, canalize a sua vontade férrea de sucesso em formar sucessores ainda melhores do que você para uma geração seguinte. Coloque sua força no seu foco, angariando o maior número possível de seguidores, para que você consiga formar e perenizar o seu legado em ambiente organizacional.

Este é o momento que você tem para se comprometer com um novo modelo e para colocar em prática novos padrões emocionais:

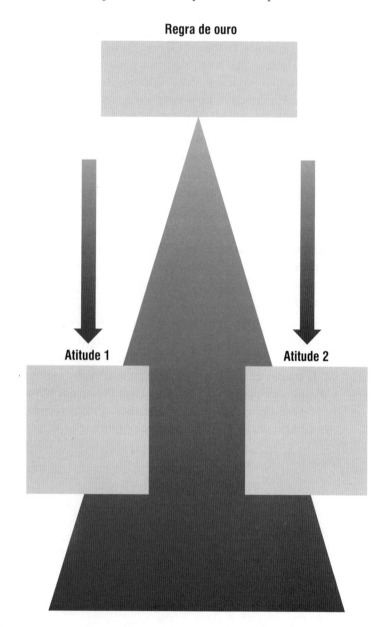

Independência

Capacidade de realizar as coisas por si mesmo.

Vamos ser claros aqui: é ótimo que exista independência no ato de liderar, nas tomadas de algumas decisões para mobilizar pessoas e exercer as ações necessárias, mas convenhamos que atuar com independência em tudo gera um desgaste absurdo, tanto para quem lidera como para quem é liderado. O ato de fazer sozinho não envolve liderança, afinal não envolve o outro, e sem a outra parte não há quem liderar! A independência torna o conhecimento egoísta!

Como tem sido suas ações? A última palavra é sempre a sua? As melhores soluções têm que vir de você? Quando surge um problema você se isola para resolvê-lo? As pessoas o ouvem mais do que você as ouve? Suas relações dentro da empresa poderiam estar melhores?

Se a maioria das suas respostas foi sim, então fique atento às informações seguintes:

Se você desenvolveu uma grande força de independência e sabe como fazer isso, use isso a seu favor; ensine às pessoas uma independência de criação, de motivação, de engajamento e de estímulos para a alta *performance*. Estimule sua equipe a exercer a independência focada naquilo que pode e deve ser independente.

Agora é com você!

Cinco sugestões altamente eficazes para empoderar a independência:

1) Dê *feedback* claro e específico a partir dos fatos. Exemplo de *feedback* para o João: em uma conversa franca, direta e a sós (o *feedback* construtivo sempre deve ser feito quando estiver sozinho com a pessoa, em grupo somente os positivos e em ocasiões onde você quer moldar o comportamento da equipe a partir de um fato específico). Uma dica preciosa é pegar uma folha e dividi-la ao meio. De um

lado escreva: Como posso te ajudar?, e do outro: Como você pode se ajudar? Defina claramente o que cada um vai fazer e coloque data para o próximo encontro, quando os *gaps* já devem estar sanados. Mais importante do que o que deve ser mudado é como deve ser mudado. Ajude a pessoa a encontrar o caminho a ser percorrido.

2) Convide a pessoa a fazer uma avaliação da sua própria *performance*. Isso lhe trará consciência de suas falhas e o desejo de ação por mudança fica mais confortável.

3) Discuta os próximos passos e ações a serem adotados. Neste momento inicia-se uma parceria para o desenvolvimento do profissional, fora de um cenário simplesmente de cobrança.

4) Avalie no seu dia a dia o seu nível de envolvimento e seu poder de influência nas decisões alheias.

5) Policie-se para usar a sua independência de forma balanceada e estimule os outros a serem independentes em seus pensamentos, mas interdependente em suas relações. Como? Promova encontros de troca de ideias e estimule o compartilhamento de inovações.

Este é o momento que você tem para comprometer-se com um novo modelo e de colocar em prática novos padrões emocionais:

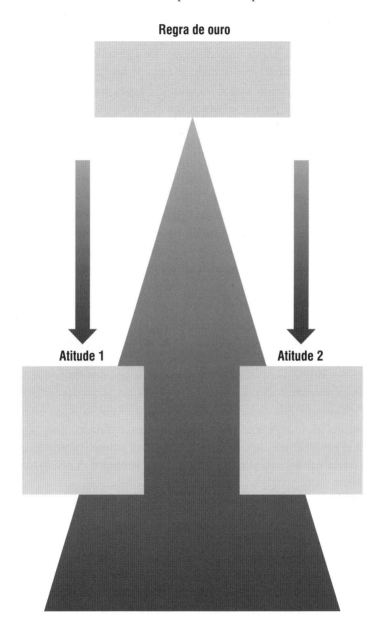

Autossuficiência

Sentimento de ser capaz de realizar por si só.

Queremos iniciar este tema convidando-o para mais uma reflexão. É muito importante observarmos a grande tendência que se aloja nas organizações quando se trata de liderança.

O que se tornou muito comum é a busca frenética para alavancar carreira, para conquistar seu lugar ao sol e estabilidade profissional, o que torna os grandes líderes "grandes ilhas".

Ilhas porque fortalecem conceitos de independência, ambição, força e autossuficiência, e por muitas vezes colocam em segundo plano a necessidade de criar "alianças" com outras pessoas para alavancar melhores resultados.

O que se vê no mercado são empresas cada vez mais conscientes do valor das pessoas, investindo muito dinheiro em treinamento com o objetivo de trazer um novo olhar para os relacionamentos e capacidades de utilizar com mais eficácia sua inteligência emocional.

Existe um grande investimento financeiro e de tempo, por parte das empresas, para treinar líderes capazes de abandonar o estigma de líderes "ilhas".

O líder precisa ser capaz de gerar autossuficiência e todas as forças necessárias em sua equipe; isso não deve ser guardado como um tesouro exclusivo, mas sim como um tesouro de todos, um bem a ser partilhado.

Seguindo essa linha de raciocínio, analise como é sua equipe hoje. As últimas pessoas promovidas estavam realmente preparadas ou eram as únicas opções? Você tem uma equipe motivada que "veste a camisa" ou o perfil é de desengajamento? A rotatividade é alta?

A intenção aqui não é ficar filosofando sobre o assunto, e sim lhe trazer uma reflexão sobre seus comportamentos, para que a partir daí você adote uma nova postura como líder.

Não seja uma ilha!

Seu foco sempre deve estar perfeitamente balanceado entre pessoas e resultados, em como desenvolver seus profissionais, como descobrir o que motiva cada um deles, como gerar autossuficiência na equipe e com o *mindset* de que, quanto mais desenvolvida a sua equipe, melhores serão os seus resultados. Não adianta ser autossuficiente, é necessário que a equipe se sinta coletivamente suficiente e capaz de atingir resultados e promover conquistas.

Uma boa maneira de iniciar é participar da rotina ativamente.

Desenvolva hábitos que integrem você no cotidiano da equipe: ouvir as pessoas, trabalhar com as portas abertas, mostrar-se acessível, avaliar verdadeiramente as ideias que não são as suas.

Liberte-se das decisões solitárias, faça parte da sua equipe, e faça com que ela se sinta representada por você.

Agora é com você!

Cinco sugestões altamente eficazes para empoderar a autossuficiência:

1) Monte grupos de troca de ideias quinzenalmente, estique a corda, levante a barra, exija que sua equipe seja autossuficiente em criação. Tire as pessoas de suas respectivas zonas de conforto intelectual.

2) Invista em entender profundamente o que cada um faz e qual é a sua *expertise*, quando você tem este conhecimento, consegue "usá-lo" em prol dos resultados.

3) Estimule o aprendizado, promova grupos de estudo. Deixe que a autossuficiência em estudar e aprender de cada membro da sua equipe transpareça no grupo.

4) Não deixe que a sua autossuficiência o leve ao isolamento. A responsabilidade de decisões será sempre sua (use a autossuficiência), mas os fatos e dados para chegar até ela dependem do conhecimento dos membros do seu time!

5) Avalie se suas ações diárias têm mais foco na autossuficiência ou na colaboração. Estimule muito mais o segundo item do que o primeiro em sua prática diária. É a sua colaboração em proporcionar desafios, segurança e orientação aos membros de sua equipe que lhe trarão o atingimento de uma liderança diferenciada.

Este é o momento que você tem para se comprometer com um novo modelo e para colocar em prática novos padrões emocionais:

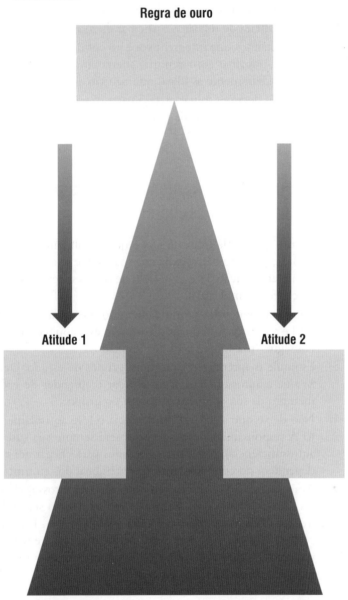

Foco em tarefas

> Mindset *alinhado com o perfil de um líder* driven to results.

A correria do dia a dia e a alta necessidade de atingir resultados a "qualquer custo" provavelmente fazem com que seu dia a dia fique cheio de tarefas a serem cumpridas.

Um dos maiores prazeres de quem alimenta forte foco em tarefas é riscar na agenda as atividades realizadas durante o dia antes de ir para casa.

Ressaltamos que ter o foco em tarefas traz benefícios para a organização no curto prazo, porém, no longo prazo, pelo fato de você estar extremamente envolvido nos afazeres rotineiros, começa a perder a sua participação com seus pares e superiores, e com o tempo vai se tornando isolado e obsoleto para a empresa, as pessoas começam a esquecer você. O perigo reside exatamente neste ponto, para você que quer se desenvolver, construir uma carreira sólida, almejar funções mais altas. Note que para conseguir crescer dentro da empresa é necessário pensamento estratégico, e minha pergunta é: dá tempo para a estratégia quando você está extremamente ocupado com as tarefas? Neste momento você deve estar respondendo que não, correto?

O "pulo do gato" é balancear entre o foco em tarefas e o foco em relacionamento; estes dois precisam estar na mesma velocidade, amplitude e sintonia, senão você faz, faz, faz e fica sempre no mesmo lugar.

Outra atenuante do foco em tarefas é a exaustão do líder e de sua equipe, cuidado! Pessoas emocionalmente exaustas não conseguem resultados extraordinários!

Cinco sugestões altamente eficazes para empoderar o foco em tarefas:

1) Formar pessoas e delegar! Quando você centraliza, perde seu tempo para desenvolver o estratégico!

2) Invista em simplificar os processos ao invés de complicá-los. Monte grupos de inovação para tornar as coisas mais simples.

3) Tenha sempre em mente que não adianta trabalhar muito, é preciso trabalhar no foco com eficácia. Priorize e comunique a sua escolha!

4) Trabalhe em parceria com seus pares. Geralmente eles ficam esquecidos no dia a dia.

5) Esqueça o orgulho de autoria, tenha uma visão ampla sobre aquilo que é bom para a empresa, independentemente se a ideia for ou não sua.

Este é o momento que você tem para se comprometer com um novo modelo e para colocar em prática novos padrões emocionais:

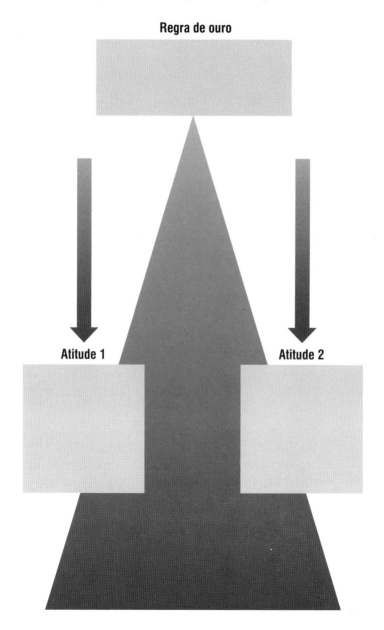

[...] equilibre as suas forças [...].

Tenho forças femininas?

Capítulo 8

Carinho/atenção

*Capacidade de enxergar as pessoas
de forma holística.*

Quem já passou pela experiência de viver um momento delicado na vida pessoal e foi acolhido com respeito e humanidade por um líder ou pela própria empresa, com certeza guarda esse momento na memória.

Na correria frenética das mulheres por espaço, em meio a tantos modelos masculinos de liderança, quase como um dom natural, se estivermos sensíveis às nossas habilidades femininas deixaremos aflorar comportamentos como o zelo.

Estar atento às necessidades de cada um da equipe, conhecer os motivadores, mostrar-se disponível para diálogos, demonstrar interesse no olhar para o indivíduo e não simplesmente para o funcionário, são atitudes cada vez mais importantes na prática de liderar.

À medida que as mulheres foram ocupando cargos de decisão nas corporações abriu-se mais espaço para esse tipo de comportamento, e, uma vez que as equipes correspondiam positivamente a isso, valorizou-se esse tipo de força.

Quando se trata de carinho, qual o risco que corremos aqui? Se você consegue perceber essa conduta em seu comportamento, preciso que responda a algumas questões:

Diante de um problema com seu liderado, você consegue auxiliá-lo sem prejudicar suas atividades? Consegue ser imparcial encontrando soluções para dar suporte e mesmo assim fazer com que ele dê resultados? Exercita consciência de que pode dar apoio, mas não deve arcar com as consequências do problema?

O carinho é muito bem-vindo, mas, como sabemos, deve ser exercido com equilíbrio.

O carinho é um dos comportamentos emocionais que mais precisa de atenção e equilíbrio, pois um pequeno desequilíbrio pode inibi-lo de desafiar as pessoas. Um erro do carinho em desequilíbrio é poupar as pessoas de desafios de alto nível com "medo" da frustração do outro. Cuidado! Os desafios bem dosados desenvolvem a aprendizagem e cooperam para a autoestima, e isto sim é um ato de carinho.

Agora, se por outro lado sua característica não apresenta nenhuma dose de carinho, é necessário que se exercite. Você pode praticar, afinal todas as forças podem ser desenvolvidas, inibidas ou potencializadas, só depende de sua autoconsciência e força de vontade.

Esteja aberto para ouvir, atente-se às individualidades de cada um, observe as avaliações de desempenho, deixe claro que se importa, de que o seu papel é fazer com que cada um se torne um profissional melhor, que quem corresponde será correspondido.

Não estamos aqui estimulando de forma alguma o "passar a mão na cabeça", mas em um mundo onde os números são respostas pra tudo e o olho no olho está cada vez mais raro, um pouco de carinho pode redirecionar o trajeto de sua história como líder.

Agora é com você!

Cinco sugestões altamente eficazes para empoderar o carinho:

1) Invista tempo em perguntar e em ouvir com interesse como as pessoas se sentem com este ou aquele desafio.

2) Avise com antecedência os problemas que podem advir.

3) Prepare as pessoas de forma consciente e verbalize que você está contribuindo para o desenvolvimento de cada uma delas.

4) Importe-se com o que é importante para o outro.

5) Tenha carinho por si mesmo, esta é a única forma de exercê-lo com as pessoas ao seu redor.

Este é o momento que você tem para comprometer-se com um novo modelo e para colocar em prática novos padrões emocionais:

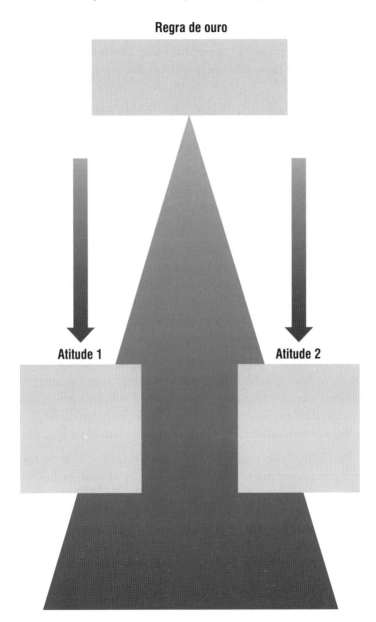

Prestatividade

Ajudar o outro cotidianamente com prazer.

Neste grande exercício diário que é encontrar o equilíbrio de uma liderança eficaz nos deparamos com mais essa força feminina, que tem se mostrado muito importante no desenvolvimento de equipes.

Ela deve ser utilizada de forma equilibrada, pois o uso excessivo de prestatividade, ou o uso desta força de forma não consciente, pode levá-lo ao microgerenciamento!

Ao querer ajudar as pessoas, principalmente seus liderados, você pode acabar com a mão na massa mais que o necessário. Pode prejudicar o desenvolvimento das pessoas simplesmente porque você não dá espaço para elas se desenvolverem, e acaba fazendo por si mesmo, nota?

A prestatividade usada de forma bem equilibrada é um excelente caminho para potencializar seu autodesenvolvimento, pois, com ela, pode-se trocar muito mais, desde que ela esteja com foco no desenvolvimento e não no cumprimento de tarefas, e você ainda pode usá-la para alinhar o *mindset* da equipe.

Em um cenário onde está cada vez mais valorizado o profissional que consegue expandir suas capacidades constantemente, atingir resultados esperados e ter um *mindset* de alto nível, entendemos que o aprendizado compartilhado gera uma evolução contínua do grupo. Assim, a prestatividade se torna uma grande aliada nesse quesito.

Para atingir esse resultado o líder deve descobrir como estimular o comprometimento e a capacidade das pessoas em todos os níveis, deixar de ver partes para ver o todo, deixar de ter pessoas indefesas e reativas para ter pessoas participantes e ativas. A neurociência nos traz ao conhecimento que as atitudes dos outros são moldadas a partir de nossas próprias atitudes. Assim, se você exercer a prestatividade com excelência, provavelmente estará formando uma equipe que exerce a colaboração proativa.

E nada melhor do que exercer a prestatividade de forma consciente para desenvolver novas habilidades e atingir de maneira mais rápida a alta *performance* de sua equipe.

O grande risco disso é que enquanto você é prestativo podem ocorrer momentos em que perderá o foco, sua atenção deve estar redobrada neste sentido, pois perdendo o foco seu papel de líder está comprometido.

Ser prestativo não é assumir, não é agir sozinho, não é dar respostas e, sim, somar com experiência, direcionar, abrir discussões para novas ideias.

Agora é com você!

Cinco práticas eficazes para empoderar sua prestatividade:

1) De acordo com sua agenda, separe alguns horários para ensinar algo novo para alguém da equipe.

2) Estipule de quanto em quanto tempo você se sentará com a sua equipe para trazer alguns de seus conhecimentos para projetos e atividades.

3) Dose seu tempo para que você consiga oferecer a mesma atenção a todos.

4) Use a prestatividade para gerar colaboração proativa. Diga sempre: "Nós". Faça perguntas, ouça e solicite conselhos.

5) Proporcione um clima em que sua equipe esteja segura e não tenha medo de cometer erros, pois ao exercer a prestatividade as pessoas podem estar entendendo que você quer fazer porque simplesmente não confia. Você ganha a sua equipe quando ela percebe que você confia nela. Permita que cada membro de sua equipe sinta-se dono dos processos sob sua responsabilidade. Balanceie o uso

da prestatividade para não inibir a criatividade das pessoas simplesmente porque você vai lá e faz!

Quanto mais você se dedicar em desenvolver o outro, mais aprendizado terá. E sempre que em meio a tantas opções, de repente nascer uma dúvida de qual atitude tomar, lembre-se que o papel de um líder, acima de tudo, é desenvolver pessoas, agregar, torná-las melhores do que quando você as encontrou.

Este é o momento que você tem para se comprometer com um novo modelo e para colocar em prática novos padrões emocionais:

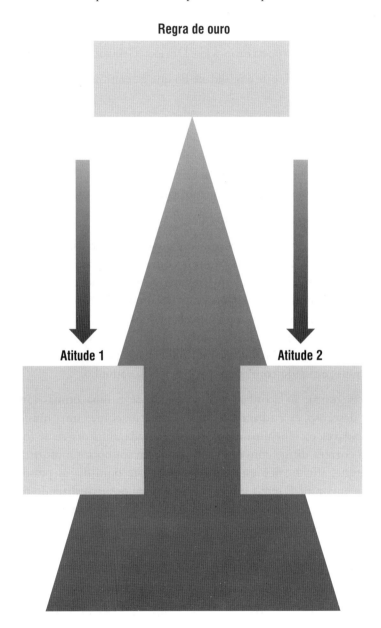

Gentileza

*Capacidade e vontade plena
de "agradar"o outro.*

Como dizia o poeta carioca José Datrino:"Gentileza gera gentileza".

Gentileza refere-se à qualidade do que é gentil, do que é amável.

Gentileza é...

...uma amabilidade, uma delicadeza praticada por algumas pessoas.

...uma forma de atenção, de cuidados, que torna os relacionamentos mais humanos, com menos rispidez.

Vamos imaginar duas situações:

Primeira: ao acordar você nota que está muito atrasado, se irrita porque não vai conseguir cumprir com sua rotina matinal como gosta de fazer. Veste qualquer roupa, não se alimenta direito, e inicia um exercício mental negativo, começa afirmar: "não vou chegar"," não vai dar tempo","acabei com meu dia". E nesse momento você bloqueia sua capacidade de ser gentil consigo mesmo e com os outros. Não deseja um bom-dia às pessoas, se irrita no trânsito, é ríspido com quem passa pelo seu caminho.

Segunda: ao acordar você nota que teve uma ótima noite de descanso, está adiantado em seu horário, coloca uma música agradável, escolhe uma roupa que lhe agrada, alimenta-se de forma correta, dirige com calma, dá passagem aos outros motoristas, porque, afinal, você está com tempo e diz bom-dia às pessoas que encontra. E inicia um exercício mental positivo, dizendo pra si mesmo frases como: "que dia lindo", "chegarei adiantado" e "meu dia será ótimo".

Nas duas situações as pessoas reagirão de acordo com seus comportamentos. Quanto mais cumprimentar as pessoas com um bom-dia, mais elas lhe retribuirão com um desejo de que seu dia também seja bom; quanto mais sutileza no trato com as pessoas, mais sutileza voltará a você, e quanto mais positivo, mais as pessoas se sentirão bem ao seu lado.

Por que em um ambiente de trabalho seria diferente?

Esse estigma de que no meio corporativo tudo tem de ser muito corrido, muito individualizado, que não se deve perder tempo "olhando no olho", está sendo desconstruído.

Algumas pessoas acreditam que esse tipo de postura tem até uma associação com poder e *status*. Agenda lotada, sempre atrasado, adotando um comportamento que nunca tem tempo para ninguém. Cuidado! Profissionais assim assumem um grande risco.

Vivemos um cenário onde está cada vez mais difícil encontrar um profissional qualificado emocionalmente. Esteja certo de que estes são os que estão sendo disputados pelas organizações que querem resultados efetivos por meio da execução saudável dos processos.

Os profissionais não estão mais dispostos a aceitar um ambiente agressivo e hostil por salário. Quando um profissional busca uma vaga, ele quer muito mais do que um contracheque.

O executivo de alta *performance* sabe se vender, e sua primeira venda deve ser para os seus liderados; eles devem ser vistos como seus primeiros clientes.

Se o ambiente de trabalho for agradável para sua equipe, ele se tornará ideal para produção e criatividade. Uma das formas de se conquistar isso é atuando com gentileza.

Como é possível exigir da equipe um comportamento gentil e cortês, com colegas e clientes, se não ofereço esse comportamento como base?

Autoridade não é despotismo!

Ninguém chega ao topo sozinho, pessoas precisam de pessoas, equipes precisam de líderes e os líderes precisam de outros líderes e da cultura das empresas em si.

Nunca estimule grosseria e falta de atenção, seja o exemplo! Piegas? Não! Verdadeiro! Um líder só tem total adesão e comprometimento daqueles que se sentem valorizados, ouvidos e respeitados.

Por isso, desafie-se a desenvolver hábitos que estimulem o positivismo nos seus atos. Só somos capazes de mudar ou melhorar algo em nós quando isso se torna real, quando faz parte do nosso comportamento, e não como um teatro.

E só adquirimos novos comportamentos quando exercitamos.

Estipule algumas pequenas metas diárias como, por exemplo, desejar um bom-dia a todos que encontrar pela manhã, dar passagem no trânsito quando possível, segurar a porta do elevador, ser gentil ao esclarecer a dúvida de alguém sobre algum processo comum. Se você já faz tudo isso, encontre novas formas de se superar.

Não se esqueça, a ressonância das atitudes e comportamentos deve vir de você.

Cinco atitudes altamente eficazes para empoderar a gentileza:

1) Perceba o outro através da empatia e avalie se você está retribuindo as solicitações que chegam até você com gentileza.

2) Ao irritar-se, conte até seis (tempo de resposta da amígdala cerebral) e devolva a resposta com gentileza.

3) Comprometa-se a fazer pelo menos cinco gentilezas ao dia e avalie se elas têm ressonância no comportamento do outro.

4) Supere a si mesmo, saia de sua zona de conforto e pense fora da caixa, planejando ações bem-estruturadas em que sua gentileza esteja no foco.

5) Peça *feedback* às pessoas após praticar a gentileza por trinta dias consecutivos e você irá se surpreender!

Este é o momento que você tem para se comprometer com um novo modelo e para colocar em prática novos padrões emocionais:

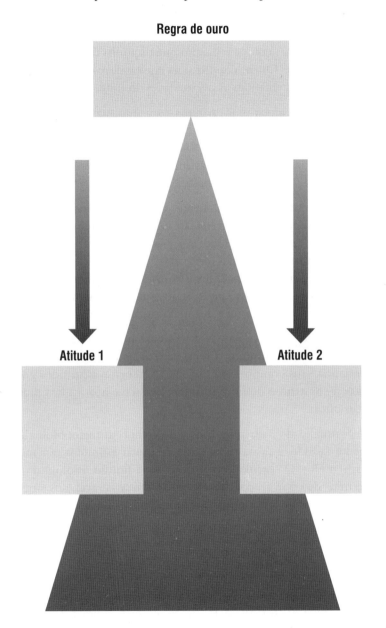

Sensibilidade e simpatia

Dono de percepção holística do meio.

Nos tempos de hoje, para que um líder tenha resultados e consiga conduzir sua equipe é preciso que disponha de uma boa dose de sensibilidade. Quem conduz uma equipe deve desenvolver essa habilidade para entender as necessidades do time.

Como encontrar uma maneira para que sua equipe sinta-se atraída por seus projetos? A atração que uma coisa ou ideia exerce sobre as pessoas, participar das alegrias e tristezas do outro, o interesse gerado em atender as intenções de alguém, podem ser estimulados por meio da simpatia e sensibilidade.

É importante que, diariamente, você se desprenda das cargas negativas de sua mente: irritação com o trânsito, relações interpessoais desgastantes, foco nos erros e não em resultados. É de extrema importância liberar a mente da insatisfação negativa, aquela que gera autossabotagem, frustração e reclamações, e abrir caminho para insatisfação positiva que vai gerar movimento, vontade de ir além, querer mais, ser melhor, alavancar resultados.

Para fazer isso, você necessariamente precisa trazer para si a responsabilidade, tirando o foco das bagagens negativas e direcionando seus comportamentos para intenções e atitudes positivas, a construção de uma atitude sensível e empática fica muito mais eficaz.

Sensibilidade nada mais é do que "sentir" o meio; biologicamente falando, é nossa capacidade de captar estímulos por meio dos sentidos. O sistema nervoso tem uma função fisiológica que permite detectar reações físicas ou químicas através dos órgãos sensoriais; assim, todos nós já possuímos essa habilidade. No entanto, é de extrema importância o exercício constante de estar atento a esses sinais, gerando autoconsciência.

Maneiras de desenvolver sua sensibilidade:

> ▶ A simpatia está relacionada a este capítulo não por acaso, é uma das formas mais eficazes de se aproximar de pessoas,

e aproximando-se do outro você terá condições de aprimorar sua sensibilidade.

▶ Sorria! Já ouviu falar que o sorriso é o caminho mais curto entre duas pessoas?

▶ Tenha diálogos informais.

▶ Olhe nos olhos, esteja presente durante um diálogo.

Observe que todos os exercícios têm um único objetivo, fazer com que você se aproxime das pessoas. A única forma de conseguir ser sensível ao outro é sabendo quem ele é, quais são suas necessidades e anseios. Lembre-se de que um líder deve sempre trabalhar com foco em autorresultado, isso reverbera positivamente no resultado da organização como um todo. Pense macro, aja micro!

Cinco práticas altamente eficazes para empoderar a sensibilidade e a simpatia:

1) Dedique alguns momentos do seu dia para observar, sem julgamento, somente observar o ambiente em que você está inserido (*mindfulness*).

2) Converse com as pessoas para validar as suas observações.

3) Na tomada de decisão, lembre-se sempre daquilo que você já observou.

4) Desenvolva a sua simpatia às causas dos outros, deixe de lado o orgulho de autoria.

5) A sua vida é altamente influenciada pelo meio, por isso pratique a sensibilidade para poder adiantar-se estrategicamente ao que há de vir.

Este é o momento que você tem para se comprometer com um novo modelo e para colocar em prática novos padrões emocionais:

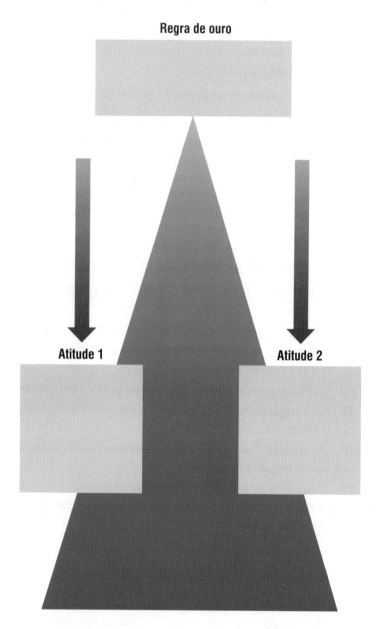

Compassividade

Aquele que demonstra compaixão,
vontade de ajudar o próximo.

Concordemos, o ato de liderar tem se tornado cada vez mais desafiador. Não estamos aqui falando de simplesmente dar ordens e atingir resultados; ser líder é uma tarefa cada vez mais complexa.

Aliás, falar em liderança e agir no modelo comando/controle é um grande erro, esse modelo já ficou no passado; aqueles que têm sucesso, acima de tudo, inspiram e orientam suas equipes a trilharem o caminho da alta *performance* tanto técnica quanto emocional. Manda quem pode, obedece quem tem juízo é o *mindset* de líderes que não sobreviverão às necessidades corporativas atuais e futuras.

As perguntas que não calam são: Como fazer as pessoas assumirem as coisas que precisam ser feitas sem precisar ordenar? De qual forma? Para quais pessoas? Quando me tornar mais agressivo? Quando me tornar mais permissivo?

E quanto aos resultados, quando abrir mão deles por um bem maior? Por que eu quero esse resultado? O que a empresa espera com isso?

Habilidades com pessoas, avaliações de comportamento, desenvolvimento de talentos, compreensão do funcionamento de cada indivíduo são requisitos essenciais para a prática de uma liderança eficaz.

E quando falamos de indivíduos, grupos, pessoas, não podemos deixar de abordar as emoções, os sentimentos e o olhar para o macro.

Há algum tempo era absolutamente proibido falar-se em trazer emoção para as relações profissionais, mas sabemos que a emoção exercida por meio de altos níveis de inteligência emocional gera resultados surpreendentes.

Você pode nem ter se atentado a esse fato, mas demonstra compassividade, tanto em suas relações profissionais como pessoais. Nas relações profissionais, você provavelmente já estudou o perfil de cada um da equipe, sabe como abordar, conduzir, gerar reflexão de forma positiva. Porém, será que você tem *expertise* emocional para fazer isso de forma individualizada?

Cada pessoa tem um motivador, um tipo de sensibilidade, uma força e/ou uma fraqueza. Você já teve o cuidado de entender como cada um funciona?

O risco em não ter este entendimento é acabar atendendo somente às demandas coletivas que não geram comprometimento individual na busca dos resultados desejados.

Utilizando nossa premissa básica de alta *performance* emocional – o equilíbrio emocional –, definimos diversas formas de trazer esse comportamento para sua rotina: use sua compassividade com uma boa dose de empatia e criatividade, e divirta-se ao ver o engajamento das pessoas melhorarem substancialmente.

Agora é com você!

Cinco sugestões altamente eficazes para empoderar a compassividade:

1) Descubra as necessidades reais da equipe. Às vezes um benefício que é oferecido não tem relevância para todas as pessoas, e algo que teria até um custo inferior seria mais importante. Stephen R. Covey traz isso claramente em seu livro *Os sete hábitos das pessoas altamente eficazes* ao abordar a conta bancária emocional, que nada mais é do que o conceito de que o que é depósito para um pode ser uma bela retirada para o outro.

2) Descubra quem trabalha mais por horas extras, e quem não abre mão, por dinheiro algum, de estar em casa com os filhos na hora marcada; e quando precisar de alguém que fique até mais tarde, já sabe quem vai trabalhar por prazer e não obrigação.

3) De vez em quando, sente-se à mesa de um liderado, coloque-se no lugar dele, pergunte se a sua cadeira, iluminação, computadores estão adequados, ou se tem algo que pode ser melhorado. Lembre-se, um pequeno detalhe pode fazer com que seu liderado mude totalmente a sua relação com ele.

4) Trate as pessoas como pessoas.

5) Proporcione momentos de desenvolvimento individual para seus liderados, balizando cada desafio de acordo com os anseios e valores de cada um. Quando as pessoas sentem que podem aprender, que estão aprendendo, você, como líder, ganha! Aliás, com uma equipe constituída de pessoas certas, desafiadas e fazendo aquilo que vai em consonância com seus valores, seu poder como gestor aumenta!

Este é o momento que você tem para se comprometer com um novo modelo e para colocar em prática novos padrões emocionais:

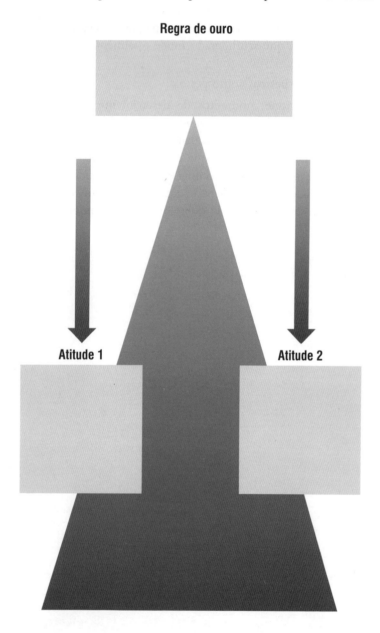

Foco em relacionamento

Mindset *alinhado com o perfil
de líder desenvolvimentista.*

Cada vez mais as empresas estão valorizando o comportamento humano e usando as habilidades comportamentais para obter resultados contínuos e superiores.

Em um ambiente de alta competitividade, os relacionamentos estão no foco do desenvolvimento profissional e as forças femininas, agora com mais espaço e ênfase, vêm somando suas habilidades ao desenvolvimento organizacional por meio do cultivo de relacionamentos de qualidade.

O foco em relacionamento vai ao encontro daquilo que as organizações contemporâneas estão procurando: pessoas altamente preocupadas com o autodesenvolvimento, que saibam sair da zona de conforto, que pela sua sensibilidade consigam identificar as necessidades dos que as cercam e que saibam cuidar e zelar pelas pessoas e pelo ambiente.

Empresas contemporâneas estão focadas em ter líderes comprometidos, engajados e envolvidos no negócio e que, além disso, estejam numa busca constante para atingir relações saudáveis e produtivas no ambiente de trabalho. A liderança atual não está focada apenas nas qualidades citadas acima, mas também na procura de uma postura mais direcionada em ser um *coach* ou um "ensinador", e para isso foco em relacionamento é fator essencial.

Quando você tem forte foco em relacionamento, em geral demonstra um cuidado muito grande com a equipe e consegue perceber o que cada indivíduo necessita para atingir melhores resultados. Você também consegue enxergar os integrantes do seu time de uma forma mais holística.

Você precisa tornar a sua liderança memorável para os seus liderados através da forma com que você se relaciona com eles. Isso resulta em sucesso indiscutível no processo de liderar!

Cinco sugestões altamente eficazes para empoderar o foco em relacionamento:

1) Olhe para as pessoas e enxergue além da roupa que estão vestindo. Ao perguntar: Tudo bem? Pare e ouça a resposta, faça perguntas diretas que tirem as pessoas das respostas automáticas e que levem ao estreitamento do relacionamento. Ao interagir de forma genuína, você desenvolve a confiança que as pessoas precisam ter em você para que você consiga executar com qualidade.

2) Caminhe pela empresa pelo menos uma vez ao dia, conversando com as pessoas sobre elas, e não sobre os processos.

3) Não tome café sozinho: convide alguém para um bate-papo.

4) Reserve quinze minutos do seu dia para ligar para aqueles liderados que você não vê há algum tempo.

5) Procure entender verdadeiramente quais são os anseios de cada um, desenvolva juntamente com seus liderados planos individuais de ajuda em desenvolvimento.

Este é o momento que você tem para se comprometer com um novo modelo e para colocar em prática novos padrões emocionais:

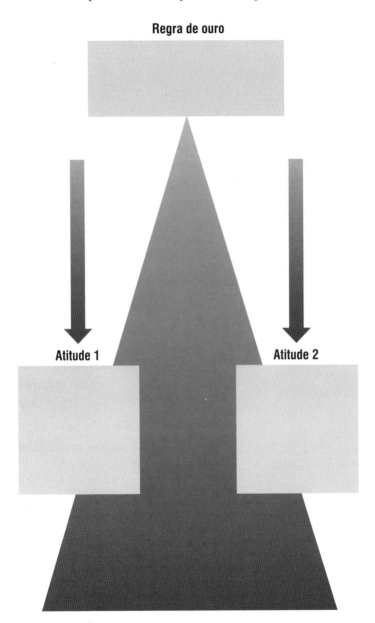

*[...] sem perseverança, você desiste na
primeira tempestade [...].
Sentir a brisa
Respirar o aroma da vida
Tocar as possibilidades
Só se estiver conectado consigo mesmo
Respire lentamente
Deixe-se levar pela consciência
O medo impede a* performance
*Medo de quê?
De si próprio
Das potencialidades que nascem
e ficam embrionárias
Permita-se ser
Deixe os medos passarem
Seja você em sua máxima potencialidade...*

Concretizando a mudança emocional

Capítulo

9

A boa notícia, ao ir chegando à conclusão deste livro, é que você terá uma moldura com os limites de *performance* pessoal para ir usando no seu desenvolvimento emocional durante a sua jornada.

Convidamos você a iniciar as suas autorreflexões diárias, que não é simplesmente conversar consigo mesmo ou questionar-se sobre seu comportamento e os resultados que gera, mas uma reflexão estruturada, com metodologia e objetivos claros e definidos.

Para realizar o auto-*coaching* com sucesso, você precisará assumir algumas premissas básicas na sua vida emocional daqui para frente:

- ▶ Protagonizar a vida e assumir toda e qualquer responsabilidade do que acontece com você.

- ▶ Questionar-se todos os dias de sua vida sobre como e por que você tem feito as coisas deste ou daquele jeito.

- ▶ Não desistir de alcançar seus objetivos, traçando planos claros e não desviando da rota.

- ▶ Comprometer-se a fazer suas sessões de auto-*coaching* regularmente. Bloqueie em sua agenda, pelo menos uma vez na semana, uma hora para você entrar em contato com suas reflexões mais profundas.

O exercício abaixo divide-se em seis tarefas eficazes para você atingir a alta *performance* emocional em androginia.

É necessário que você tenha clareza da importância de cada um dos itens da moldura para que o seu sistema mental se convença de que este é o caminho que deve ser percorrido sem desvios na busca por melhores relacionamentos, afetividade organizacional, engajamento e consequentemente melhores resultados.

Objetivos – São os alvos estabelecidos de forma clara e coesa que colocam nossa mente no caminho certo para atuar com alta *performance*. Quando definimos o que queremos e onde queremos chegar, o nosso processo mental entende que este é o meio de obter sucesso e então ele trabalha a nosso favor, deixando de lado aquilo que nos impede de ser o que realmente podemos ser.

Novos comportamentos – É a definição clara sobre como queremos e devemos nos comportar emocionalmente, de tal forma que nos eleve ao patamar de vida consciente, que é a grande chave do sucesso emocional.

Avaliação – É a forma de balizar o seu progresso, e sem ela torna-se impossível progredir. Assim, investir tempo para refletir se estamos caminhando corretamente e se a velocidade da caminhada é suficiente são condições *sine qua non* para uma vida emocional saudável.

Planejamento – Planejar as atitudes mentais é primordial para desempenhar um papel consciente. Se não há tempo para planejamento, encontre-o! Protagonize! Lembra? Desculpas não podem fazer parte do repertório de quem está em busca de amplitude e *performance* emocional.

Prazos – São as datas preestabelecidas que colocam pressão no processo de mudança emocional. Se você não estabelecer seus prazos, a vida o leva para o outro lado, você posterga a sua oportunidade de uma vida emocional mais saudável.

Monitoramento – É entender como você está se desenvolvendo que lhe traz a consciência sobre o que você tem feito e sobre o que ainda pode fazer. Desligue o botão do automático, viva no manual consciente!

Comece seu processo de mudança!

Inspire-se a ser você em sua máxima potencialidade!

Não se contente com as migalhas, faça acontecer...

Use as suas forças!

★★★★★ Paciência ★★★★★
★★★★★ Persistência ★★★★★
★★★★★ Consciência ★★★★★

Moldura de mudança

Qual é o seu objetivo? Defina claramente o que você precisa fazer para equilibrar o seu lado masculino e feminino de liderar. Defina aqui quais são as forças que precisam ser desenvolvidas e quais precisam ser amenizadas. Descreva detalhadamente como você quer estar emocionalmente em cada uma das forças. Anote quais as competências que você precisa desenvolver para atingir seu objetivo maior (comportamento andrógino).	Descreva detalhadamente quais serão os **novos comportamentos emocionais** que serão adotados a partir deste momento, e crie um modelo para que você consiga avaliar quinzenalmente o quanto está conseguindo colocar 100% em prática aquilo que você se comprometeu. **Descreva detalhadamente** quais os resultados que você conseguirá com cada uma de suas novas atitudes.
Avalie-se! Dê uma nota de 0 a 10 para cada uma das forças que você precisa trabalhar. Isso o ajudará a mensurar o seu progresso depois de seis meses de alta *performance* emocional.	Faça **planejamentos semanais** de ajustes sobre seus pensamentos, suas crenças limitantes e sobre aquilo que o impulsiona para ter uma *performance* emocional cada vez melhor. Escreva sobre você, sobre o que tem atingido e sobre onde ainda há espaços para melhoras.
Defina os prazos para que você consiga internalizar e colocar na sua rotina os novos comportamentos. Comprometa-se a fazer a grande mudança emocional no exercício de uma liderança mais consciente. Cuidado com os prazos, definindo sempre os das modalidades *curto* e *médio*. A velocidade de sua *performance* emocional é determinada pelo seu nível de engajamento e comprometimento.	**Monitore-se** diariamente! Ao final do seu dia, dirigindo para casa, tomando banho, ou degustando um bom vinho, reflita sobre o que e como você realizou o dia de hoje. Ao refletir, você aprofunda o seu engajamento e traz para o plano consciente aquilo que poderia simplesmente ter sido levado pela correria do dia a dia.

Objetivo	Novos comportamentos emocionais

Avalie-se!	Planejamento semanal

Defina os prazos	Monitore-se

Refletindo...

Capítulo 10

O homem prático

C ertamente, quando você leu este título, fez uma associação com praticidade, mas queremos desde já lhe informar que foi um engano. Ser prático, além de estar associado a ser uma pessoa hábil, é uma profissão, e é sobre o segundo tema que iremos abordar aqui neste capítulo.

Sabemos da importância em exercitarmos a escuta, não o ouvir, que é apenas um sentido da audição, mas escutar, que é interpretar e ter entendimento do que se ouve sem julgamento e com empatia, essa sim é a verdadeira escuta!

Podemos receber grandes ensinamentos quando nos dedicamos a escutar outras pessoas.

Um homem sábio trouxe à luz um despertar muito sensível à profissão de prático. Você já ouviu falar desta profissão?

O prático é um profissional que exerce a "praticagem", ofício no qual a função é ajudar nas manobras das navegações, nas chegadas e partidas dos portos em áreas onde o tráfego é prejudicado por ventos, banco de areias, correntezas, entre outras dificuldades.

Com excelente condicionamento físico, o trabalho dele é pular na água em direção ao navio que chega, e voltar nadando à frente da embarcação servindo como guia em um percurso que muitas vezes pode durar até quatro horas.

Trazendo um olhar poético, saber que uma engenharia tão poderosa como um navio, em épocas remotas, dependia de apenas um homem, um nativo, para chegar a seu porto seguro, nos faz pensar que mesmo os grandes e fortes precisam de auxílio.

Sob um olhar profissional, para que um prático alcançasse seu objetivo com sucesso, era de fundamental importância que ele conhecesse cada detalhe daquele pedaço de mar. E ainda estivesse atento a cada mudança, porque o mar não é o mesmo todos os dias, está sempre em movimento, recebe influências externas, como vento, sol, chuva e correntes marítimas.

As habilidades envolvidas vão muito além de ser um bom nadador. Aquele pedaço de mar tem de fazer parte da sua vida, como se houvesse uma linguagem particular entre os dois. Era de fundamental importância que o profissional observasse, avaliasse, sentisse e conhecesse minuciosamente cada detalhe.

Fazendo conexões com o que você aprendeu neste conteúdo, o que um prático fazia e o que um líder de alta *performance* emocional faz é exatamente a mesma coisa.

Quando pensar no seu papel de líder, lembre-se: o prático tinha de possuir familiaridade com o mar, conhecer suas oscilações e acompanhar as influências externas. Dedicar tempo para observar e para entrar no mar, fazer parte dele, e precisava de treino, muito treino e dedicação.

Relacionando a atividade do prático com a do gestor, como caberia essa representação em nossa consciência?

Pensando que nossa consciência tem o papel de prático, tomando frente e nos guiando, entendemos a importância de se construir um PRÁTICO mental, que nada mais é do que viver uma vida consciente das nossas emoções e das nossas atitudes, que reverberam de nossa forma de perceber nós mesmos e o mundo ao nosso redor.

Quando temos consciência do que queremos construir, onde queremos chegar, de qual deve ser o nosso papel, nossa consciência se torna o nosso PRÁTICO, tomando a frente de nossas decisões, direcionando-nos, impedindo que nos atolemos, ou que haja "acidentes" emocionais desnecessários.

No momento em que sua consciência estiver ativa e funcionando em sua plena potencialidade, você estará exercendo sua alta *performance* emocional.

Sendo assim, convidamos você a começar, a partir de agora, a construir o seu PRÁTICO mental. Vá à frente de seus problemas, entenda cada detalhe de como você mesmo funciona, como funcionam os outros e como é o ambiente em que você está inserido; estude cada detalhe do seu percurso diariamente, vá à frente dos problemas que possam surgir, seja pró-ativo emocionalmente. Esta é a forma mais eficaz de você conseguir desfrutar daquilo que a vida tem de melhor.

Lembre-se que é a sua proatividade e autoconsciência que o tornam uma pessoa diferente!

> *Desbrave o seu oceano*
> *Navegue em suas emoções*
> *Viva intensamente*
> *Com consciência e*
> *Autorresponsabilidade*

Agora você está pronto para manter a sua equipe engajada emocionalmente com você; além disso, já sabe quais são as suas potencialidades e fraquezas, e, melhor, já tem em suas mãos a forma de trabalhá-las para ser um líder de alta *performance* emocional.

Fica claro que a melhor forma de trazer a equipe para si é ter a autoconsciência de que as pessoas estão se moldando à sua própria forma de ser e de agir; assim, agindo dentro das premissas de androginia, você tem a grande chave de inspiração alheia.

Equilibrando as forças masculinas e femininas em sua liderança, você estará realizando o seu melhor desempenho emocional, e isso trará a você uma qualidade de vida incomparável com a que tinha antes. Seus relacionamentos pessoais dependem única e exclusivamente de você. Pratique a autopercepção, a autoconsciência e a autorresponsabilidade, pois com essas três atitudes sua exaustão mental estará com seus dias contados!

Invista em você, pois os resultados nada mais são do que a consequência daquilo que você é...

Para ajudá-lo no planejamento e acompanhamento do desenvolvimento de sua alta *performance* emocional, seguem algumas molduras que você pode destacar e levar com você no seu dia a dia.

As minhas **fortalezas** femininas

Circule o que você precisa fortalecer ainda mais...

Sensibilidade

Empatia

Gentileza

Cordialidade

Prestatividade

Carinho

Foco em relacionamento

As minhas **fortalezas** masculinas
Circule o que você precisa fortalecer ainda mais...

Agressividade

Força

Autoconfiança

Autossuficiência

Ambição

Independência

Foco em tarefas

Os meus *gaps* femininos

Grife o que você precisa desenvolver

Sensibilidade

Empatia

Gentileza

Cordialidade

Prestatividade

Carinho

Foco em relacionamento

Os meus *gaps* masculinos
Grife o que você precisa desenvolver

Agressividade

Força

Autoconfiança

Autossuficiência

Ambição

Independência

Foco em tarefas

Minhas regras de ouro

Com o que me comprometo a partir de agora?

Sensibilidade

" _____ "

Empatia

" _____ "

Gentileza

" _____ "

Cordialidade

" _____ "

Prestatividade

" _____ "

Carinho

" _____ "

Foco em relacionamento

"_____"

Agressividade

"_____"

Força

"_____"

Autoconfiança

"_____"

Autossuficiência

"_____"

Ambição

"_____"

Independência

"_____"

Foco em tarefas

"_____"

Quais as minhas novas atitudes?

Sensibilidade

1) _____
2) _____

Empatia

1) _____
2) _____

Gentileza

1) _____
2) _____

Cordialidade

1) _____
2) _____

Prestatividade

1) _____
2) _____

Carinho

1) _____
2) _____

Foco em relacionamento

1) _____
2) _____

Agressividade

1) _____
2) _____

Força

1) _____
2) _____

Autoconfiança

1) _____
2) _____

Autossuficiência

1) _____
2) _____

Ambição

1) _____
2) _____

Independência

1) _____
2) _____

Foco em tarefas

1) _____
2) _____

Referências

ABRANTES, J.; FILHO, J.T.S. & ALMEIDA, B. (2009). "O conceito das inteligências múltiplas e a nova gestão empresarial". *Simpósio de Excelência em Gestão e Tecnologia*, 11 p.

COVEY, S. (2014). *Os sete hábitos das pessoas altamente eficazes*. Rio de Janeiro: BestSeller.

CURY, A. (2004). *Oitavo código da inteligência*: código do eu como gestor da emoção. Rio de Janeiro: Sextante.

EAGLY, A.H. (2007). "Female Leadership Advantage and disadvantage: Resolving the contradictions". *Psychology of Women Quarterly*, 31 (1), p. 1-12.

_____ (2000). "Social role theory of sex differences and similarities: A current appraisal". In: ECKES, T. & TRAUTNER, H.M. (eds.). *The developmental social psychology of gender*. Mahwah, NJ: Erlbaum, p. 123-174.

_____ (1997). "Sex differences in social behaviour: Comparing social role theory and evolutionary psychology". *American Psychologist*, 52 (12), p. 1.380-1.383.

_____ (1995). "The science and politics of comparing women and men". *American Psychologist*, 50 (3), p. 145-158.

EAGLY, A.H. & CARLI, L.L. (2003). "The Female Leadership Advantage: An Evaluation of the Evidence". *Leadership Quarterly*, 14 (6), p. 807-835.

_____ (1981). "Sex of researchers and sex-typed communications as determinants of sex differences in influence ability: A meta-analysis of social influence studies". *Psychological Bulletin*, 90 (1), p. 1-20.

EAGLY, A.H. & JOHNSON, B.T. (1990). "Gender and leadership style: A meta-analysis". *Psychological Bulletin*, 108 (2), p. 233-256.

EAGLY, A.H. & KARAU, S. (2002). "Role Congruity Theory of Prejudice Toward Female Leaders". *Psychological Review*, 109 (3), p. 573-598.

_____ (1991). "Gender and the emergence of leaders: A meta-analysis". *Journal of Personality and Social Psychology*, 60 (5), p. 685-710.

EAGLY, A.H. & KITE M.E. (1987). "Are stereotypes of nationalities applied to both women and men?" *Journal of Personality and Social Psychology*, 53 (3), p. 451-462.

EAGLY, A.H. & STEFFEN, V.J. (1986). "Gender and aggressive behaviour: A meta-analytic review of the social psychological literature". *Psychological Bulletin*, 100 (3), p. 309-330.

EAGLY, A.H. et al. (2003). "Transformational, transactional, and laissez-faire leadership styles: A meta-analysis comparing women and men". *Psychological Bulletin*, 129 (4), p. 569-591.

_____ (1995). "Gender and the effectiveness of leaders: A meta-analysis". *Journal of Personality and Social Psychology*, 117 (1), p. 125-145.

_____ (1992a). "Gender and Leadership Style among School Principals: a meta-analysis". *Education Administration Quarterly*, 28 (1), p. 76-102.

_____ (1992b). "Gender and the evaluation of leaders: A meta--analysis". *Psychological Bulletin*, 111 (1), p. 3-22.

GARDNER, H. (2001). *Inteligência*: um conceito reformulado. Rio de Janeiro: Objetiva.

GILKEY, R. & KILTS, C. *Preparo cognitivo do executivo* [Apresentação disponível em https://prezi.com/_wosxi06m3ns/preparo-cognitivo-do-executivo – Acesso em 02/05/2016].

GOLEMAN, D. (2014). *Foco* – A atenção e seu papel fundamental para o sucesso. Rio de Janeiro: Objetiva, 2014.

_____ (2012). *Inteligência emocional* – A teoria revolucionária que redefine o que é ser inteligente. Rio de Janeiro: Objetiva.

_____ (2002). *O poder da inteligência emocional* – A experiência de liderar com sensibilidade e eficácia. Rio de Janeiro: Campus.

_____ (2001). *Trabalhando com a inteligência emocional*. Rio de Janeiro: Objetiva.

HEILMAN, M.E. (2001). "Description and prescription: How gender stereotypes prevent women's ascent up the organizational ladder". *Journal of Social Issues*, 57 (4), p. 657-674.

_____ (1995). "Sex stereotypes and their effects in the workplace: What we know and what we don't know". *Journal of Social Behaviour and Personality*, 10 (6), p. 3-26.

HEILMAN, M.E. et al. (2004). "Penalties for success: Reactions to women who succeed at male gender-typed tasks". *Journal of Applied Psychology*, 89 (3), p. 416-427.

HILSDORF, C. (2003). *Atitudes vencedoras*. São Paulo: Senac.

HUNTER, J.C. (2004). *O monge e o executivo*. Rio de Janeiro: Sextante, 2004.

KOENIG, A.M. et al. (2011). "Are Leader Stereotypes Masculine? A Meta-Analysis of Three Research Paradigms". *Psychological Bulletin*, 137 (4), p. 616-642.

ROBBINS, S.P. (2005). *Comportamento organizacional*. São Paulo: Pearson Prenuce Hall, 2005.

SAUNDERS, V. (2011). *Think like a SheEO*: Suceeding in the age of creators, makers and entrapreneurs. Georgetown: Jaguar.

TRACY, B. (2013). *O ciclo do sucesso* – Como descobrir suas reais metas de vida e chegar aonde você quer. São Paulo: Gente.

WEISINGER, H. (2001). *Inteligência emocional no trabalho* – Como aplicar os conceitos revolucionários da IE nas suas relações profissionais, reduzindo o estresse, aumentando sua satisfação, eficiência e competitividade. Rio de Janeiro: Objetiva.

Liderança nua e crua
Decifrando o lado masculino e feminino de liderar
Livia Mandelli

O mundo dos negócios está conhecendo na última década a atuação efetiva da mulher em postos de decisão nas organizações. Entender esta prática da liderança utilizando a lente feminina se torna essencial para todo profissional que busca de boas perspectivas neste mundo contemporâneo organizacional.

Este não é um livro sobre mulheres ou para mulheres, e sim uma visão sobre o lado feminino do comportamento organizacional refletido diretamente em todas as atitudes dentro das empresas e consequentemente na sua cultura.

Afinal, muito se sabe sobre as práticas e comportamentos masculinos ao exercer a liderança, mas cada dia mais percebem-se traços de comportamento femininos presentes nas lideranças de sucesso. A interposição dos comportamentos feminino e masculino é a melhor prática para se obter sucesso como líder.

Os resultados de estudos realizados no Brasil e na Europa mostram que o impacto deste comportamento da liderança não está claramente definido nem para os líderes nem para seus seguidores, mas identificam diferenças substanciais entre a prática exercida pela liderança feminina e pela liderança masculina. Dados comprovam que certas particularidades, comprovadamente femininas, trazem grandes benefícios às equipes se usadas com a devida propriedade organizacional. Perceber, entender e aplicar estes conceitos trará grandes benefícios ao líder em busca de autoconhecimento e desenvolvimento de seus potenciais.

Livia Mandelli é consultora na área de gestão de pessoas na Mandelli & Loriggio Consultores Associados, de São Paulo, empresa de consultoria dedicada ao desenho e condução de processos de mudança e alavancagem da performance humana nas organizações. Doutoranda em Comportamento pela Walden University, mestre em Liderança pela University of Gloucestershire, na Inglaterra; psicopedagoga organizacional e administradora; qualificada em MBTI e MBTI Step II e Coach pela Sociedade Brasileira de Coaching/Graduate School of Master Coaches. Atuou nos últimos anos em formação de times de alto desempenho em empresas na Inglaterra. Anteriormente, atuou na indústria de turismo e hotelaria brasileira, desenvolvendo papéis de liderança em gestão de pessoas como consultora na área de implantação e desenvolvimento.

Qual é a tua obra?
Inquietações propositivas sobre gestão, liderança e ética
Mario Sergio Cortella

Qual é a tua obra? O que você sente ao ouvir esta pergunta? Você se sente confortável e satisfeito quando pensa na sua obra? Ou se sente inquieto e um tanto quanto desconfortável?

Se estiver no primeiro grupo, preocupe-se, mas se estiver no segundo grupo, anime-se, porque este livro lhe trará algumas inquietações acompanhadas de muitas proposições relacionadas à gestão, liderança e ética.

Você será motivado a compreender que a sua obra é muito mais ampla do que qualquer atividade que realize e que um dos maiores desafios do líder é inspirar, animar as pessoas a se sentirem bem com o que fazem e a se sentirem integradas à obra para a qual nasceram.

Mario Sergio Cortella, *nascido em Londrina (PR) em 05/03/1954, filósofo e escritor, com mestrado e doutorado em Educação, professor-titular da PUC-SP (na qual atuou por 35 anos, 1977/2012), com docência e pesquisa na Pós-Graduação em Educação: Currículo (1997/2012) e no Departamento de Teologia e Ciências da Religião (1977/2007); é professor-convidado da Fundação Dom Cabral (desde 1997) e ensinou no GVpec da FGV-SP (1998/2010). Foi secretário municipal de Educação de São Paulo (1991-1992), tendo antes sido assessor especial e chefe de gabinete do Prof. Paulo Freire. Comentarista da Rádio CBN no Academia CBN (rede nacional, de segunda a sexta-feira) e Escola da Vida (capital paulista às terças e quintas-feiras). É autor, entre outras obras, de* A escola e o conhecimento *(Cortez),* Nos labirintos da moral, *com Yves de La Taille (Papirus),* Não espere pelo epitáfio! *(Vozes),* Não nascemos prontos! *(Vozes), Sobre a esperança: Diálogo, com Frei Betto (Papirus),* O que é a pergunta?*, com Silmara Casadei (Cortez),* Liderança em foco, *com Eugênio Mussak (Papirus),* Filosofia e Ensino Médio: certas razões, alguns senões, uma proposta *(Vozes),* Viver em paz para morrer em paz: Paixão, sentido e felicidade *(Versar/Saraiva),* Política. Para não ser idiota, *com Renato Janine Ribeiro (Papirus),* Vida e carreira: um equilíbrio possível?*, com Pedro Mandelli (Papirus),* Educação e esperança: sete reflexões breves para recusar o biocídio *(PoliSaber),* Escola e preconceito: Docência, discência e decência, *com Janete Leão Ferraz (Ática),* Vivemos mais! Vivemos bem?*, com Terezinha Azerêdo Rios (Papirus),* Não se desespere! *(Vozes),* Educação, escola e docência: novos tempos, novas atitudes *(Cortez),* Ética e vergonha na cara!*, com Clóvis de Barros Filho (Papirus),* Pensatas pedagógicas: Nós e a escola *(Vozes) e* Qual é a tua obra? Inquietações propositivas sobre gestão, liderança e ética *(Vozes).*

CULTURAL

Administração
Antropologia
Biografias
Comunicação
Dinâmicas e Jogos
Ecologia e Meio Ambiente
Educação e Pedagogia
Filosofia
História
Letras e Literatura
Obras de referência
Política
Psicologia
Saúde e Nutrição
Serviço Social e Trabalho
Sociologia

CATEQUÉTICO PASTORAL

Catequese
Geral
Crisma
Primeira Eucaristia

Pastoral
Geral
Sacramental
Familiar
Social
Ensino Religioso Escolar

TEOLÓGICO ESPIRITUAL

Biografias
Devocionários
Espiritualidade e Mística
Espiritualidade Mariana
Franciscanismo
Autoconhecimento
Liturgia
Obras de referência
Sagrada Escritura e Livros Apócrifos

Teologia
Bíblica
Histórica
Prática
Sistemática

REVISTAS

Concilium
Estudos Bíblicos
Grande Sinal
REB (Revista Eclesiástica Brasileira)
SEDOC (Serviço de Documentação)

VOZES NOBILIS

Uma linha editorial especial, com importantes autores, alto valor agregado e qualidade superior.

VOZES DE BOLSO

Obras clássicas de Ciências Humanas em formato de bolso.

PRODUTOS SAZONAIS

Folhinha do Sagrado Coração de Jesus
Calendário de mesa do Sagrado Coração de Jesus
Agenda do Sagrado Coração de Jesus
Almanaque Santo Antônio
Agendinha
Diário Vozes
Meditações para o dia a dia
Encontro diário com Deus
Guia Litúrgico

CADASTRE-SE
www.vozes.com.br

EDITORA VOZES LTDA.
Rua Frei Luís, 100 – Centro – Cep 25689-900 – Petrópolis, RJ
Tel.: (24) 2233-9000 – Fax: (24) 2231-4676 – E-mail: vendas@vozes.com.br

UNIDADES NO BRASIL: Belo Horizonte, MG – Brasília, DF – Campinas, SP – Cuiabá, MT
Curitiba, PR – Florianópolis, SC – Fortaleza, CE – Goiânia, GO – Juiz de Fora, MG
Manaus, AM – Petrópolis, RJ – Porto Alegre, RS – Recife, PE – Rio de Janeiro, RJ
Salvador, BA – São Paulo, SP